SUPPLY CHAIN'S TRUST

A Revolução Silenciosa

SUPPLY CHAIN'S TRUST

A Revolução Silenciosa

Como o desenvolvimento de relações de confiança pode ampliar a competitividade das Cadeias de Suprimentos

Osvaldo de Salles Guerra Cervi

Supply Chain's Trust — A Revolução Silenciosa
Copyright © DVS Editora 2006

Todos os direitos para a língua portuguesa reservados pela editora.

Nenhuma parte desta publicação poderá ser reproduzida, guardada pelo sistema *retrieval* ou transmitida de qualquer modo ou por qualquer outro meio, seja este eletrônico, mecânico, de fotocópia, de gravação, ou outros, sem prévia autorização, por escrito, da editora

Produção Gráfica, Diagramação: ERJ Composição Editorial
Design da Capa: Spazio Publicidade e Propaganda
ISBN: 85-88329-34-4

Dados Internacionais de Catalogação na Publicação (CIP)
(Câmara Brasileira do Livro, SP, Brasil)

```
Cervi, Osvaldo de Salles Guerra
   Supply Chain'Trust : a revolução silenciosa : como o
desenvolvimento de relações de confiança pode ampliar a
competitividade das cadeias de suprimentos / Osvaldo de
Salles Guerra Cervi. -- São Paulo : DVS Editora, 2006.


   1. Cadeia de suprimentos - Administração 2. Capital
intelectual  3. Competitividade 4. Confiança (Psicologia)
5. Cooperação 6. Decisões 7. Risco - Administração I. Título



06-2207                                             CDD-658.7
```

Índices para catálogo sistemático:

1. Cadeias de suprimentos : Relações de
       confiança : Administração de empresas   658.7

AGRADECIMENTOS

"Navegar é preciso", afirmou Fernando Pessoa.
Se é preciso navegar, não é possível fazê-lo só.
Assim, acredito que agradecer também é preciso.
Contudo, o agradecer também oferece riscos, especialmente o de, ao não citar nominalmente alguém, minimizar a relevância de sua contribuição.

Por isto, de início, quero expressar minha crença de que cada pessoa, cada qual a sua maneira, está presente no meu processo de desenvolvimento pessoal e profissional, e, com isto, agradecer a todos os amigos, colegas de trabalho, Gestores e Mentores, por sua paciência, atenção e colaboração. Aos meus alunos, razão maior de meu entusiasmo na busca do conhecimento.

Peço licença, porém, para fazer um agradecimento especial à algumas pessoas que, pela proximidade e/ou efetiva contribuição, tornaram possível a realização de mais este sonho:

Inicialmente, a minha mestra, Professora Dra. Maria Luisa Mendes Teixeira, a grande responsável por meu prazeroso mergulho nesse novo mundo, no qual se busca, incessantemente, a construção de um conhecimento que não se esgota, pois está em constante transformação.

Ao amigo Edil, por acreditar e estender as mãos nos primeiros passos.

A minha equipe, Flávio, João Souza, José Roberto, Márcia e Maurício, pelo seu exemplo de compromisso e dedicação e por me desafiar e contribuir com a busca do amadurecimento e aprimoramento constantes.

À Adriana, pela dedicação, atenção e superação na árida tarefa de me orientar.

A Alberto Fernandes, João Teixeira e Sérgio Clemente que, com suas análises e opiniões, sugeriram importantes reflexões a este pesquisador.

Aos Doutores Fernando Sotelino e Ricardo Betti que, apesar da intensa agenda, de imediato se prontificaram a apoiar e contribuíram decisivamente com suas reflexões e comentários.

Aos amigos Aguinaldo, Clairton, José Geraldo, Juan e Ricardo Oliveira, os quais justificam, fruto de sua amizade sincera e carinho sempre presentes, a gratidão, no seu mais profundo significado, que tenho pela vida.

Aos meus pais, Luís e Lucia, pelo exemplo e amor.

À Laís, pelo carinho e amizade.

Por fim, agradeço à Deus pelos presentes desta minha existência: Larissa e Thales.

SUMÁRIO

Introdução XI

1 Fatores que Contribuem para a Competitividade 1

2 Capital Intelectual *Versus* Capital Social 5

3 Capital Social *Versus* Competitividade 9

4 A Tomada de Decisão 11
    4.1 Razão *Versus* Intuição 11
    4.2 Modelos de Tomada de Decisão 14
        4.2.1 Modelo Racional 15
        4.2.2 Modelo Comportamental 17
        4.2.3 Modelo de Seleção Apurada 18
        4.2.4 Modelo Político 20
    4.3 Processo de Tomada de Decisão: Uma Visão Crítica dos Modelos Centrados nos Indivíduos 23
    4.4 Aprendendo a Decidir 25

5 Risco 29
    5.1 Conceito e Características Associadas 29
    5.2 Gerenciamento do Risco 42
        Reconhecimento 42
        Avaliação 42
        Ajuste 42

  Escolha 43
  Monitoramento 43

6 Ambiente de Confiança e Predisposição ao Risco 47
 6.1 Limites da Confiança 61

7 Cooperação — Uma Alternativa para a Gestão da Confiança em Ambientes de Risco 69
 7.1 Competitividade e Cooperação 70
   7.1.1 A Teoria da Cooperação 71

8 Pesquisa 77
 8.1 Sujeitos da Amostra 78
 8.2 Coleta dos Dados 78
   8.2.1 Coleta de Dados Quantitativos 78

9 Resultados da Pesquisa de Campo 81

10 Das Conclusões 85

Bibliografia 101

LISTA DE FIGURAS

FIGURA 1.1 Processos singulares da organização 3

FIGURA 2.1 Formação do capital social 7

FIGURA 3.1 Formação do capital intelectual 10

FIGURA 4.1 Etapas do modelo de decisão racional 16

FIGURA 4.2 Premissas do modelo de decisão comportamental 17

FIGURA 4.3 Etapas do modelo de decisão *Smart Choice* 19

FIGURA 4.4 Influência do poder no processo decisório 21

FIGURA 5.1 Elementos para a ponderação do risco 32

FIGURA 5.2 Aprendizado supersticioso — erros não corrigidos 53

FIGURA 5.3 Novas alternativas — aprendendo com os erros 37

FIGURA 5.4 Predisposição para assumir riscos — decisões rápidas 41

FIGURA 5.5 Gerenciamento do risco — inserção da confiança 45

FIGURA 6.1 Relações de confiança — tipologia de Sheppard (1998) 55

FIGURA 6.2 Relação entre níveis de consciência e as regras 65

FIGURA 10.1 Paradoxo da segurança ontológica 90

FIGURA 10.2 Uma alternativa — interdependência limitada 93

INTRODUÇÃO

Vivemos um processo de globalização tecnológica, política, cultural e econômica que expõe mercados, antes fechados, sem capacidade de competir — ao aumentar a disponibilidade de recursos importantes, como a tecnologia, capaz de gerar inovações — oferecendo às empresas novas oportunidades com a ampliação de seus potenciais mercados consumidores.

Esse ambiente retrata uma nova era, uma nova economia, estimulada principalmente pelo desenvolvimento dos sistemas de comunicação.

O sucesso competitivo passa a depender da criação e da renovação das vantagens competitivas, mediante o desenvolvimento de processos peculiares, que podem distinguir, de forma positiva, a empresa de seus concorrentes.

Assim, visando fortalecer suas estratégias, as empresas têm procurado identificar quais os fatores capazes de lhes oferecer essas vantagens de forma sustentável.

Para agregar a vantagem competitiva às empresas, no entanto, a inovação deve estar cada vez mais associada à capacidade de desenvolver processos singulares e difíceis de serem copiados.

Esses processos, por sua vez, dependem da combinação de diferentes conhecimentos e habilidades da organização.

Essa realidade, somada à crescente preocupação com a competitividade e, por conseqüência, com os resultados das organizações, leva as empresas a necessitar da contribuição intelectual das pessoas. Esse fato exige delas uma nova forma de relacionamento com seus *stakeholders*, especialmente com seus profissionais e fornecedores, antes considerados não um recurso valioso, mas peças substituíveis em uma linha de produção eficiente.

A soma de conhecimento e a capacidade de aprender, conhecida como capital intelectual, consiste em um artefato social, envolvido por um contexto social e relacionado à vida social, com as suas normas e a confiança entre os participantes, que os habilitam a agir em conjunto na busca de objetivos comuns, formando o capital social de um grupo ou grupos sociais, aí inseridas as diversas cadeias de valores, inclusive aquelas (internas e externas) das quais participa uma organização.

Se para se tornarem e se manterem competitivas as empresas dependem das pessoas e do capital intelectual que representam, é necessário que descubram um ambiente de confiança favorável à criação do conhecimento, à inovação.

Porém, conhecimento e capacidade de aprender não são suficientes para que uma empresa se torne competitiva.

As oportunidades estão, cada vez mais, associadas ao risco e dependem da competência e da agilidade com que as organizações administram, gerenciam e reagem a seus mercados, e a agilidade depende da tomada de decisão.

Isso posto, considerando a globalização e seus efeitos — especialmente com as crescentes aquisições, fusões e incorporações de empresas —, as organizações, diante dessa realidade, vêm sendo desafiadas a encontrar parceiros confiáveis que estejam comprometidos com suas estratégias e dispostos a encontrar soluções, tomando decisões capazes de manter a sua sobrevivência e a sua competitividade, por conseqüência.

Portanto, entre as diversas atitudes desejadas para avaliar a *performance* de um profissional competente, merecem destaque a tomada de decisão e a disposição para o risco, pressupondo que há uma relação direta entre a atitude das pessoas perante o risco, o processo de tomada de decisão e o desempenho das empresas.

O estímulo a uma atitude positiva dos profissionais de uma organização diante do risco, isto é, de baixa aversão ao risco, depende sensivelmente da capacidade que essa organização tem de gerenciar a confiança em seu ambiente.

Se a habilidade é um grupo de conhecimentos, competências e características que capacitam um indivíduo a exercer influência sobre algum domínio específico — características que compõem o capital intelectual —, deduz-se que a tomada de decisão e disposição para o risco, a ela inerente, fazem parte do capital intelectual de uma empresa, contribuindo para a sua competitividade.

Como o capital intelectual implica capital social, que lhe dá sustentação, a disposição para correr risco ao tomar decisões está associada a um ambiente de confiança.

Assim, a confiança é insumo essencial às relações que envolvem indivíduos e organizações. Ela está relacionada às expectativas criadas entre as pessoas de um grupo e ao risco.

Por isso, os ambientes que compartilham altos níveis de confiança, favorecem a predisposição para assumir riscos.

A confiança compreende as relações entre pessoas e riscos específicos, indicando dependência entre elas ou interdependência, as quais têm seus riscos majorados à medida que os relacionamentos evoluem de um nível superficial para um nível profundo.

Considerando que a competitividade das empresas está relacionada a sua capacidade de agir e reagir rapidamente por meio de decisões ágeis, associadas com a disposição de seus parceiros organizacionais para correr risco, a relevância desta obra consiste em sugerir ambientes, sejam eles permeados pelas relações de confiança e/ou de cooperação, capazes de influenciar a disposição para o risco, especialmente nos processos de tomada de decisão, levando em consideração as expectativas de desenvolvimento, exposição ao risco e, conseqüentemente, de crescimento das empresas pertencentes à sua cadeia de suprimentos.

Esta obra é baseada na tese de mestrado, defendida pelo autor em setembro de 2003.

Capítulo 1

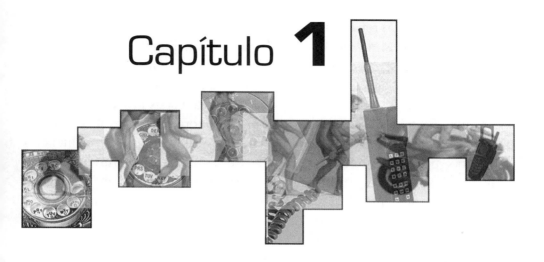

Fatores que Contribuem para a Competitividade

Competitividade é a capacidade de concorrer, desenvolvida mediante a formulação e implementação de estratégias que permitam à empresa a manutenção, de forma duradoura, de uma posição sustentável no mercado.

Conceitos defendidos em estudos, como o de Coutinho (1995), têm procurado compreender os fatores geradores de vantagem competitiva para as empresas.

Michel Porter (1985) propõe que a competitividade de uma empresa depende da contribuição de suas atividades (inovação, cultura etc.) para que ela alcance um desempenho superior em relação a seus concorrentes. Esse desempenho superior é oferecido pela conexão e pelo relacionamento entre essas ações, com vantagens capazes de criar valor para o cliente.

J. Barney (1995) reforça as oportunidades oferecidas pelo ambiente interno das organizações, no que diz respeito à sustentabilidade de sua vantagem competitiva. Essa teoria é conhecida como *Resource Based View* e defende que as principais fontes que sustentam essas vantagens são os atributos internos das organizações ou como elas operacionalizam seus processos.

Muitos pesquisadores, objetivando um aprimoramento dos processos de planejamento das organizações, estudaram profundamente as influências exercidas pelo ambiente externo — oportunidades e ameaças — à competitividade das empresas, e pouco se preocuparam com a análise do ambiente interno — pontos fortes e a serem desenvolvidos — no qual reside as verdadeiras fontes de sustentabilidade da vantagem competitiva.

São recursos e capacidades — representados por ativos financeiros, físicos, humanos e organizacionais utilizados — que, em razão da maneira singular com a qual desenvolvem, produzem e entregam seus produtos e serviços, tornam difícil a imitação desses processos pelos concorrentes.

Tais recursos podem ser divididos em investimentos e receitas (financeiros), máquinas, processos de produção e infra-estrutura (físicos), habilidades, conhecimentos, tolerância ao risco e aptidões (humanos), tradição, relacionamentos, confiança e cultura, fundamentais à geração e sustentação de competitividade para as empresas.

Este escopo — que propõe uma análise mais aprofundada do ambiente interno das organizações, um "olhar para dentro" — é fundamental, porque reconhece na particularidade dos processos, gerenciados e realizados pelas pessoas, o diferencial competitivo das organizações.

Em resumo, segundo esta visão, a sustentabilidade das vantagens competitivas depende do valor, da singularidade, barreira à imitação e forma de organização dos processos pertencentes a uma organização:

- o valor está na capacidade que a empresa tem de utilizar seus recursos e habilidades para explorar as oportunidades, neutralizando as ameaças ao seu negócio;
- a singularidade apresenta-se na particularidade com que os recursos organizacionais são gerenciados. Essa singularidade oferece vantagem competitiva, mesmo que temporária, às organizações;

- as barreiras à imitação podem ser divididas em dois tipos: de duplicação — cópia fiel dos recursos utilizados — ou de substituição/imitação (substituição dos recursos utilizados pela empresa) pelos concorrentes e pela utilização de outros recursos. Essas barreiras são estabelecidas porque a imitação representa um custo alto, quer seja pela tradição (processos, habilidades e recursos únicos), representada pela particularidade inerente à empresa, fruto de sua experiência e singularidade de seus relacionamentos, quer seja pela invisibilidade de seus processos decisórios, normalmente conseqüência de uma grande quantidade de pequenas decisões tomadas durante o processo produtivo e permeadas pela sua complexidade social, resultado da reputação, confiança, credibilidade, trabalho em equipe e cultura organizacional.

A organização espelha a sua personalidade, ou seja, a capacidade de explorar a competitividade de seus recursos e habilidades.

Essa proposta oferece uma importante visão de sustentabilidade da vantagem competitiva das organizações, que, de acordo com abordagem proposta, é conquistada por meio das práticas da organização, representadas principalmente pelas habilidades desenvolvidas "na maneira de fazer", que demonstra, em razão de sua singularidade, o quão difícil é copiar o "como fazer".

Figura 1.1 ::: Processos singulares da organização.

Nessa nova realidade, a perícia dos colaboradores passa a ser fundamental para que se compreenda o consumidor e, quando ela está associada à inovação tecnológica, é capaz de representar importante vantagem competitiva sustentável para a organização, ampliando assim a importância do ambiente interno, que se torna essencial à competitividade das organizações, com destaque para os recursos humanos.

Entre as principais características que estão na esfera de decisão da empresa, com as quais as organizações procuram se distinguir de seus competidores, destacam-se a estratégia e a gestão, a capacitação para inovação e os recursos humanos, que formam os fatores predominantes que sustentam a competitividade. Eles representam os investimentos fixos e a sua eficiência, e ainda dependem fortemente do aprendizado contínuo.

As reflexões propostas até aqui sugerem que os principais diferenciais competitivos das empresas são as pessoas, o capital intelectual e a sua capacidade de inovar e de decidir.

Capítulo 2

Capital Intelectual *Versus* Capital Social

O capital intelectual pode ser definido como conhecimento e capacidade de aprendizado de uma comunidade ou grupo social.

As habilidades desenvolvidas pelas pessoas são essenciais à geração do conhecimento, pois representam elementos técnicos fundamentais ao desenvolvimento do conhecimento tácito (não visível).

Nonaka e Takeuchi (1997) propõem um modelo de formação do capital intelectual ancorado na premissa de que a geração e a expansão do conhecimento humano acontecem por meio da interação social entre os conhecimentos tácitos — pessoal, específico, difícil de ser formado e comunicado — e explícitos ou codificados — passível de ser transmitido, pois possui uma linguagem formal e sistemática passível de ser codificada.

O conhecimento é gerado mediante processos de troca e combinação:

1. **Combinação:** conexão ou desenvolvimento de novas formas de combinar elementos nunca associados.
2. **Troca:** quando os recursos são provenientes de diferentes partes para viabilizar a combinação, a troca é pré-requisito. O desenvolvimento do capital intelectual depende da interação de conhecimentos e experiências entre partes distintas, portanto, da troca ou transferência desses conhecimentos.

Assim, para viabilizar essa troca, combinação de conhecimentos e habilidades e, por conseqüência, desenvolver o capital intelectual, quatro condições devem ser satisfeitas:

- criação de oportunidades, como eventos sociais;
- demonstração de que a troca de conhecimentos e experiências agregará valor à condição pessoal e profissional dos envolvidos;
- motivação que existe quando o indivíduo percebe que seu engajamento nesse processo de troca será reconhecido e valorizado;
- habilidade para combinar os conhecimentos, que está diretamente relacionada com a capacidade de aprender e inovar das organizações — a aprendizagem organizacional.

As capacidades de criar e transferir conhecimentos são reconhecidas como elementos centrais de sustentação da competitividade das organizações.

Em ambientes em que os relacionamentos possuem altos níveis de confiança, as pessoas se engajam no processo de cooperação e troca, estabelecendo normas essenciais ao desenvolvimento do capital social. O desenvolvimento do capital social é fortemente afetado por variáveis referentes à evolução dos relacionamentos sociais, como tempo, interação, interdependência e transparência.

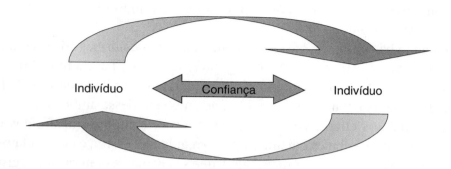

Figura 2.1 ::: Formação do capital social — interação envolvida pela confiança.

O capital social é resultado da confiança entre indivíduos de um grupo social/comunidade ou parte dela, podendo estar presente na menor e mais importante parte que compõe esta comunidade, a família, bem como na totalidade destes grupos (no estudo em questão, da cadeia de suprimentos).

Assim, é possível dizer que o capital social está relacionado à vida social, às suas normas e à confiança entre os participantes, que os habilitam a agir em conjunto na busca de objetivos comuns.

Ainda que muitos autores entendam que os indivíduos ou grupos sociais podem se unir voluntariamente (quando eles observam que a cooperação pode servir aos seus interesses, não sendo, portanto, necessária a existência de confiança, já que a clareza dos interesses, aliada a mecanismos legais, pode compensar a inexistência da confiança), as organizações mais eficientes se baseiam em comunidades de valores éticos compartilhados, tornando desnecessária a existência de contratos formais que resguardem as relações, já que há um acordo moral que permeia uma base de confiança mútua entre os componentes do grupo, exigindo o exercício de virtudes, como lealdade, honestidade e confiabilidade.

Assim, o capital social não existe na individualidade, pois é amparado por virtudes sociais e não apenas pelo indivíduo.

Em razão dessa complexidade, o capital social é muito mais difícil de ser adquirido se comparado a outras formas de capital humano, por ser baseado em comportamentos éticos; por isso mesmo, ele é muito mais difícil de ser alterado ou destruído.

Quando há confiança, baseada em um conjunto de normas éticas comuns, entre os profissionais que trabalham juntos, os custos para administrar são reduzidos e as condições para inovar são majoradas, resultado da variedade e velocidade de relacionamentos sociais que emergem desse ambiente.

Estes hábitos éticos, construídos ao longo do tempo e transferidos nas relações sociais existentes em um grupo — regulando, assim, o comportamento dessas pessoas — acabam formando o que se chama de cultura de um grupo social ou, segundo o filósofo Nietzsche, de "linguagem do bem e do mal" de um povo.

São abordagens que concentram seus estudos na influência exercida pelo capital social na *performance* econômica das nações e sua análise na influência do capital social no desenvolvimento das diversas dimensões do capital humano, especialmente na dimensão do capital intelectual, como provedor de bases para cooperação e confiança, servindo como facilitador de algumas ações coletivas e inibidor de outras.

Capítulo 3

Capital Social *Versus* Competitividade

O capital social é a soma dos recursos atuais e potenciais disponíveis, derivados de uma rede de relacionamentos em unidades individuais ou sociais.

Ele apresenta vários atributos ou dimensões, das quais se destacam três: estrutural, relacional e de dimensões cognitivas.

A estrutural está relacionada às propriedades de um sistema social e as suas relações como um todo. Descreve as ligações entre as pessoas e as unidades, identificando a presença ou a ausência de envolvimento entre os atores, no que diz respeito à sua densidade, conectividade e hierarquia.

A relacional foca sua atenção na análise dos tipos de relacionamentos desenvolvidos pelas pessoas e suas interações, considerando o respeito e a amizade, e a influência desses aspectos em seus comportamentos. Esse atributo é essencial, pois pode ser determinante, por exemplo, na decisão de um profissional para se manter em uma determinada organização, em razão dos laços existentes entre os seus membros, a despeito de melhores vantagens econômicas e financeiras oferecidas por outra empresa. A confiança é a chave para a sustentação desse atributo.

Já a cognitiva se refere ao compartilhamento de representações, interpretações e percepções, fundamental ao desenvolvimento do capital intelectual, quando avaliada a necessidade de compartilhamento de conhecimentos tácitos (conhecimentos) e explícitos (habilidades) — linguagens e códigos — para seu desenvolvimento.

Segundo essa abordagem, o capital social aumenta a eficiência das ações em um grupo — por exemplo, a difusão de informações, minimizando a redundância — e reduz a probabilidade de oportunismo e, conseqüentemente, os custos de monitoramento desses processos. Encoraja comportamentos colaborativos, facilitando a inovação nas organizações, fundamental, como destacado anteriormente, à sustentação da competitividade no contexto globalizado atual.

O capital social pode ser influenciado por encontros, treinamentos coletivos e eventos sociais — interação que proporciona a troca acidental de experiências e conhecimentos —, caracterizando-se como excelentes oportunidades de desenvolvimento do capital intelectual.

Assim, o capital social pode ser considerado o principal fator de desenvolvimento do capital intelectual, já que está presente nas relações sociais (indivíduos, grupos ou comunidades), amparadas pela confiança, e permite o compartilhamento de conhecimentos e responsabilidades na busca de objetivos comuns, não obstante os interesses individuais.

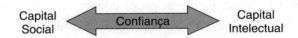

Figura 3.1   :::   Formação do capital intelectual.

Considerando que as habilidades fazem parte do capital intelectual, pode-se afirmar que a tomada de decisão e o risco a ela inerente fazem parte do capital intelectual e dependem das relações de confiança.

Capítulo 4

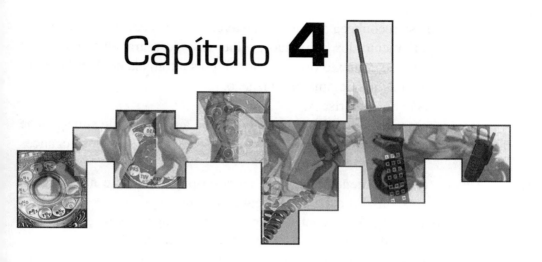

A Tomada de Decisão

4.1 Razão *Versus* Intuição

Decisão é o ato ou efeito de decidir, resolver, determinar, deliberar. É possuir desembaraço, disposição, coragem e capacidade de avaliação ao escolher entre os vários cursos de ação, isto é, um ato que resulta da utilização de informações recebidas e percebidas pelo indivíduo.

As pessoas gastam uma importante parte de suas vidas fazendo escolhas que dão forma às suas vidas. Essas decisões, tomadas diante dos problemas, determinam o seu sucesso, seja nos estudos, na profissão ou na vida pessoal.

Segundo Napoleão Bonaparte (*apud* Schoemaker, 1993), "nada é mais difícil, e então mais precioso, que ter capacidade de decidir".

Ainda que se reconheça a influência exercida pelas decisões de foro pessoal no comportamento dos indivíduos, o interesse deste trabalho se limita a decisões relativas ao contexto organizacional, pois a tomada de decisão é um elemento crítico na vida de uma organização.
Toda decisão envolve riscos.
A reação, o comportamento das pessoas diante do ambiente e de situações de risco varia de acordo com sua maior ou menor disposição de se expor a chances de perder.

Aqueles que têm menos tolerância ao risco provavelmente não aceitam assumir mais responsabilidade e, conseqüentemente, mais riscos. Para agir, exigem mais informações e controles, procurando reduzir as incertezas inerentes à tomada de decisão. São, portanto, mais racionais.

Já as pessoas que toleram o risco, portanto, estão predispostas a assumi-lo, aceitam maiores níveis de volatilidade, agindo sem precisar controlar tanto as variáveis do processo decisório. São, pois, mais intuitivas, não necessitando de grandes explicações ou provas para agir, decidir.

Pesquisadores — como Simon (1977), Mintzberg (1986), Motta (1988), Vergara (1991), Schoemaker (1993), entre outros — têm estudado o processo de decisão, buscando orientá-lo e aprimorá-lo. Para muitos, a racionalidade é fundamental à tomada de decisão, pois oferece critérios claros e programados para orientá-la, enquanto para outros a intuição é primordial, por vezes contrapondo-se à racionalidade.

Schoemaker (1993), por exemplo, entende que, além de não oferecer critérios consistentes para que se decida (as pessoas possuem limites mentais, distraem-se, sofrem fadiga, o que pode influenciar o julgamento de uma situação para outra), a intuição distorce a realidade (as pessoas são sugestionadas, por isso, segundo o autor, a última pessoa a falar tem maior influência na escolha a ser feita).

Já os autores que defendem a importância da intuição no processo de tomada de decisão questionam a existência de uma realidade linear nas organizações, característica dos processos racionais. O contexto dinâmico, portanto não programável, ao qual as pessoas e organizações estão inseridas, freqüentemente coloca em cheque os processos racionais, pois as informações, os processos e os produtos ficam obsoletos, e os consumidores mudam de comportamento. A realidade é mutável. Escolhas contingenciais são realizadas, motivo pelo qual a razão e a intuição são complementares. Tanto uma quanto a outra estão inseridas no processo decisório, fazem parte de um todo e se fundem de alguma forma.

Decisões programadas são repetitivas e rotineiras, tornando possível o estabelecimento de regras e procedimentos. Esse tipo de decisão acontece em contextos de baixa incerteza, para situações em que eventuais resultados negativos sejam facilmente corrigidos ou não causem danos à organização, ou seja, situações nas quais o nível de risco é irrisório. Por essas características, as decisões programáveis são facilmente delegáveis, possibilitando, inclusive, a utilização de modernas tecnologias (equipamentos e programas), capazes, em razão da logicidade dessas situações, de conferir maior precisão e agilidade à decisão.

Já as decisões não programadas não possuem regras definidas, esquemas a serem utilizados. Portanto, são decisões mais arriscadas e ambíguas. Nem todas as variáveis estão disponíveis para análise ou ainda há muita dificuldade para reuni-las e organizá-las, considerando a variável tempo na tomada da decisão. Esse tipo de decisão exige uma maior capacidade de análise e síntese, e já não pode ser delegada a processos tecnológicos, pois necessita de outras capacidades cognitivas, como discernimento e criatividade, características específicas do homem.

Decisões, especialmente em situações de crise, devem ser tomadas rapidamente, mesmo com pouco conhecimento das opções disponíveis, incertezas e conseqüentes resultados, porque as mudanças acontecem rapidamente, e o fracasso de uma decisão pode estar ligado à falta de uma ação imediata.

Por serem difíceis e provocarem sérias conseqüências, as decisões expõem os responsáveis ao julgamento de outros; esse fato faz com que essa questão envolva numerosas e complexas considerações.

A globalização, e o nível de competitividade gerado por ela às empresas, é um fato.

A agilidade com a qual as organizações respondem às demandas de seu mercado tornou-se um fator preponderante na sustentação de sua capacidade de competir.

Essa agilidade advém dos processos de tomada de decisão das empresas e, por conseqüência, afeta toda a sua cadeia de valor.

Ora, se a agilidade com a qual respondem as organizações está ligada a seus processos de tomada de decisão, então esses processos estão relacionados com a maneira de seus profissionais tomarem decisões.

Isso explica o motivo pelo qual a busca por técnicas analíticas para tomada de decisão tem sido constante ao longo do tempo. Recebidas com entusiasmo, freqüentemente são simplesmente perdidas no dia-a-dia das organizações, abrindo espaço aos aspectos ligados exclusivamente à intuição no processo decisório.

Não que a intuição não seja desejável, ao contrário, ela é considerada um impulso para a ação em que não se usa o raciocínio lógico, e é tida como altamente impregnada dos conhecimentos e experiências acumulados pelo indivíduo, mas esse não pode ser o seu único, principal, atributo.

Pelos argumentos apresentados, é possível sugerir que tanto a razão quanto a intuição são relevantes no processo de tomada de decisão, e, seja qual for o tipo de decisão a ser tomada, elas devem ser consideradas.

O fato é que a necessidade de se fazer escolhas é uma realidade que representa uma variável crítica do contexto organizacional.

Estudar esse processo e sugerir modelos que orientem a tomada de decisão têm sido os grandes desafios dos estudiosos, defensores do racionalismo ou da intuição, que buscam elementos que ofereçam qualidade às decisões.

4.2 Modelos de Tomada de Decisão

Os estudos compreendidos neste item pretendem apenas analisar alguns dos modelos sugeridos, de forma descritiva — sem a pretensão de aprofundá-los, detalhá-los ou esgotar o assunto —, para facilitar o processo de tomada de decisão.

Assim, são apresentados aspectos relevantes de abordagens de alguns dos principais modelos de análise da decisão e dos processos decisórios, discutidos durante os últimos 100 anos por diversos pesquisadores.

Entre os vários estudos a respeito desse assunto, consideradas as questões da racionalidade e intuição, merecem destaque os modelos:

- **Racional:** sugere mecanismos analíticos e racionais como apoio à tomada de decisão;
- **Comportamental:** complementando o anterior, contrapõe-se à razão como único elemento da decisão, pressupondo a inexistência de um processo decisório puramente racional;
- **Seleção apurada:** em complemento aos anteriores, insere as questões da incerteza/risco e a sua tolerância;
- **Político:** amplia a análise para além dos indivíduos, pois, ao considerar as questões de poder, reconhece as relações existentes no contexto organizacional, os conflitos de interesses inerentes às particularidades de cada pessoa e a influência do ambiente, em contraponto à decisão meramente técnica e comportamental.

4.2.1 Modelo Racional

Ser racional é fazer escolhas consistentes, maximizando as decisões, por meio de avaliações, julgamentos, relações lógicas e valores, dentro das limitações existentes.

O modelo racional sugere seis etapas para decidir:

- definição do problema, que está relacionada à clareza da situação desejada;
- definição de critérios para decidir, ação que reduz a interferência de interesses e preferências individuais;
- ponderação dos critérios, cujo objetivo é conferir uma ordem de importância a eles;
- identificação das alternativas possíveis, capazes de solucionar o problema;
- classificação das alternativas segundo os critérios definidos, indicando as vantagens e as desvantagens das soluções propostas;

- cálculo da decisão mais adequada ou ótima, realizado mediante a utilização de um processo estatístico que considere a relação da eficácia esperada para cada alternativa e a pontuação dos critérios.

Figura 4.1 ::: Etapas do modelo de decisão racional.

Este modelo recebeu inúmeras críticas pela perspectiva mecânica que oferece ao processo decisório.

Para que se comporte perfeitamente de forma racional, o indivíduo deveria ter acesso à descrição completa das conseqüências decorrentes de cada alternativa, a fim de compará-las.

Uma teoria de decisões administrativas terá forçosamente que se preocupar com os aspectos racionais da escolha, entretanto, nesta operacionalização, o grau de racionalidade poderá ser relativizado quando houver a introdução involuntária de ações comportamentais inerentes a quem toma decisões, fato que é característico da natureza humana.

O modelo supõe que as decisões são tomadas de modo independente, e, na realidade, as situações concretas dificultam a decisão racional em razão de sua complexidade. Por outro lado, ele também não se aprofunda na questão da implementação das decisões, supondo que as pessoas endossarão uma decisão, levando adiante a sua implementação, o que nem sempre é verdade, especialmente se as decisões representarem interesses de outros indivíduos, mudanças e entrarem em conflito com crenças, e forem por elas influenciadas.

4.2.2 Modelo Comportamental

Conforme foi visto, o indivíduo é limitado pela sua racionalidade em decorrência de seus hábitos e reflexos, valores e finalidades, profundidade de seus conhecimentos e informações de que dispõe.

Assim, a teoria administrativa deve preocupar-se com os limites da racionalidade, e com a maneira pela qual a organização influencia esses limites, no caso do indivíduo que vai decidir.

O modelo comportamental, além de analisar as variáveis racionais no processo decisório, também leva em consideração a influência que exercem as variáveis humanas, como o senso comum, a simplicidade e a intuição.

Desse ponto de vista, considerando que as empresas são unidades sociais que interagem com indivíduos ou grupos sociais, a participação do ser humano — seja na causa, seja no efeito da equação — introduz um elemento de incerteza, o que reduz a precisão da relação entre causa e efeito, demonstrando que ela é afetada de forma vital pelo sistema de crenças ou verdades que predominam na organização.

Apesar dessas considerações, parece importante destacar que o modelo comportamental não descarta o princípio da racionalidade, apenas reconhece que os comportamentos essencialmente racionais estão sujeitos aos limites cognitivos do homem.

Figura 4.2 ::: Premissas do modelo de decisão comportamental.

Assim como os hemisférios direito e esquerdo do cérebro, respectivamente intuição e razão complementam-se, pois, enquanto um percebe o todo, o outro focaliza o detalhe.

O modelo comportamental também não está isento de críticas, porque, apesar de representar um importante progresso em relação ao modelo racional à medida que considera aspectos antes ignorados pela perspectiva racional, minimiza alguns aspectos daquele modelo e também ignora, assim como o modelo racional, as inter-relações existentes nas organizações, que indiscutivelmente geram conflitos de interesses e conseqüentemente influenciam as disputas pelo poder.

4.2.3 Modelo de Seleção Apurada

O modelo *Smart Choice* ou de Seleção Apurada (tradução do autor), proposto por Raiffa et. al. (1999), ao considerar as etapas relativas ao processo de tomada de decisão, inclui explicitamente a variável risco, não considerada, dessa maneira, nos modelos anteriores. Essa variável deve ser analisada sob dois enfoques: o risco, inerente às situações de incerteza, e a tolerância das pessoas ao risco.

Ao discorrer sobre a história do risco na humanidade, Bernstein (1997) procurou analisar como os seres humanos fazem escolhas e reagem ao risco. Para tanto, citou Chesterton para afirmar que a solução para a questão da decisão não está na racionalidade ou irracionalidade, mas, sim, subjacente a elas:

> O verdadeiro problema deste nosso mundo não é que seja irracional, nem mesmo que seja racional. O principal tipo de problema é que é quase racional, mas não totalmente. A vida não é uma ilogicidade; contudo, ela é uma armadilha para os lógicos. Ela parece um pouco mais matemática e regular do que é; sua exatidão é óbvia, mas sua inexatidão está oculta; sua turbulência jaz à espera (Chesterton apud Bernstein, 1997, p. 333).

Considerando que não é possível a tomada de decisão com absoluta certeza de suas conseqüências, fica claro que é fundamental ser inserida, na análise do processo decisório, a questão do risco.

O processo de tomada de decisão deve considerar as etapas de:

- clarificação do problema, conhecendo sua complexidade e evitando assumir premissas preconcebidas;
- especificação dos objetivos, estabelecendo prioridades a serem alcançadas;
- formulação de alternativas criativas, sem as quais não existem parâmetros para decidir;
- análise das possíveis conseqüências, orientando as escolhas mais adequadas;

- análise dos riscos envolvidos, de seus impactos e da tolerância a esses riscos, o que significa verificar a pré-disposição para enfrentá-los;
- definição das decisões articuladas, reconhecendo que há relação entre as escolhas presentes e as conseqüências futuras.

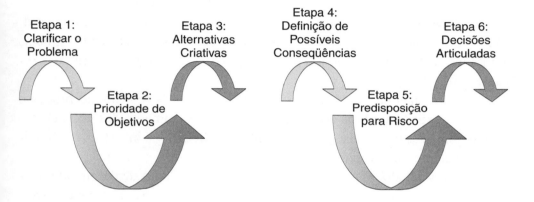

Figura 4.3 ::: Etapas do modelo de decisão *Smart Choice*.

Para tomar decisões relacionadas, é fundamental isolar-se e resolver paulatinamente os assuntos em médio prazo, enquanto aparecem e se acumulam as informações necessárias para a solução.

A essência desse modelo está em quebrar a decisão em elementos-chave, identificando aqueles que são relevantes para a tomada da decisão, e em aplicar a eles, sistematicamente, análises aprofundadas. Essa sistematização evidencia a participação do modelo racional na formatação do *Smart Choice*.

A maioria das decisões são difíceis e complexas, não apresentam soluções óbvias e, provavelmente, não afetam exclusivamente a quem decide.

Com o ordenamento das ações, a despeito das incertezas, o processo de tomada de decisão vai sendo aprimorado, e acaba iluminando, com o tempo, as decisões mais adequadas.

A exemplo dos modelos anteriores, o *Smart Choice* também possui limitações, entre as quais se pode destacar, especialmente, o excesso de foco no indivíduo, colocando em segundo plano as interferências externas, que exercem influência relevante no comportamento dos indivíduos.

Não obstante essa limitação, o modelo agrega importante valor àqueles apresentados anteriormente, ao considerar, além das questões racionais, cognitivas e influências externas (ainda que em menor grau), inerentes ao ser humano, variáveis importantes, como a incerteza e a tolerância ao risco.

O processo de globalização — que trouxe consigo uma verdadeira revolução da informação, oferecendo oportunidade de acessos a mercados globais em tempo real — ocasionou a reestruturação das formas de produção das organizações.

Os saltos tecnológicos, que provocaram mudanças radicais no processo produtivo, expuseram uma nova realidade global: o aumento das taxas de desemprego, que, por sua vez, faz progredir o sentimento de incerteza no indivíduo e, portanto, nas relações organizacionais.

Se, por um lado, essa realidade oferece oportunidades de desenvolvimento e melhora na qualidade de vida dos indivíduos, por outro, aumenta a incerteza das relações de trabalho e do emprego, que tem permeado a realidade social desde a Revolução Industrial, especialmente após a segunda metade do século XX, afetando diretamente a percepção de risco das pessoas.

Portanto, a inclusão dessas variáveis — o risco e a sua tolerância — nos modelos de tomada de decisão, nos proporciona uma importante visão e, com ela, o desenvolvimento de novos estudos e aprimoramento do processo de tomada de decisão nas organizações.

4.2.4 Modelo Político

Os modelos até aqui apresentados não consideram uma variável fundamental ao processo de tomada de decisão: o poder, relacionado a aspectos como força, influência e autoridade.

De fato, ninguém é dono do poder, pois ele é, na realidade, relativo. Para que o poder apareça nas relações humanas, é preciso que ocorram conflitos de interesses envolvendo dois ou mais indivíduos ou grupos.

É por meio do poder que conflitos de interesse são, afinal, resolvidos. Influencia quem consegue o quê, quando e como.

Toda organização é uma estrutura de poder à medida que movimenta recursos que têm conseqüências sociais e econômicas, e influencia o destino das pessoas. Esse poder costuma se concentrar nas mãos daqueles que ocupam as funções hierárquicas mais elevadas.

Nesse contexto, o processo decisório é como uma arena, onde o confronto de interesses gera manifestações de poder.

A análise se atém a percepção de que, nas organizações, o poder é exercido por pessoas, portanto, entender como se relacionam poder e decisão é função *sine qua non* para a compreensão da realidade organizacional.

O modelo político não está centrado na figura dos "poderosos" e, sim, no destaque das "decisões-chave", que, em razão dos conflitos de interesse que geram, envolvem a questão política.

Por isso, muitos autores, que estudaram os processos decisórios nas organizações, concluíram que o processo decisório envolve uma sistemática negociação política.

Dessa forma, a decisão pode ser entendida como uma coalizão de poder, definindo as organizações como sistemas políticos, nos quais os grupos detentores do poder controlam os recursos fundamentais para a manutenção de seu domínio, e, assim, o processo decisório passa a ser um sistema de negociação desses interesses, cujo objetivo é a manutenção e o reforço dessa coalizão de poder.

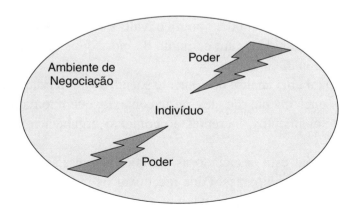

Figura 4.4   :::   Influência do poder no processo decisório.

Essa abordagem facilitou a compreensão de como se processam as decisões nas empresas, oferecendo uma visão do processo decisório como uma estrutura de relações ou conexões entre os diversos fatores que o influenciam, como a associação da razão com sentimentos e emoções, que, pela sua dinâmica, desestrutura uma proposta racional, pois abre espaço para a manifestação de variáveis, como a intuição.

No entanto, como é de se esperar, já que a capacidade de análise e crítica por vezes oferece a oportunidade de aprimoramento, o modelo político também apresenta limitações.

Apesar do poder ser uma questão relevante em qualquer processo de tomada de decisão, há de se considerar que ele nunca é manifestado isoladamente no contexto organizacional, pois, além de representar uma relação social — se há poder, há quem se submeta a ele —, nem sempre estará presente nas decisões tomadas. Considerar isoladamente o poder pode gerar distorções e perdas à percepção do contexto organizacional.

O modelo também não propõe critérios objetivos para diferenciar o que é importante do trivial no contexto político organizacional. Não considera que restringir decisões ou não decidir podem ser formas de se exercer o poder.

Assim, além da questão do poder no processo decisório, é importante considerar, também, os aspectos racionais e/ou comportamentais, e as incertezas por eles geradas em uma análise mais ampla do processo decisório e seus efeitos na esfera organizacional.

Apesar das críticas ao modelo político, vale lembrar que uma organização representa uma comunidade, um conjunto de indivíduos que interage no ambiente organizacional.

É fundamental uma análise do contexto social, do comportamento dos indivíduos, pois essencialmente são eles, neste contexto, quem tomam as decisões.

Esses relacionamentos, inerentes ao contexto organizacional, formam o capital social.

O capital social está associado às relações sociais, às suas normas e à confiança entre os participantes. Pode incentivar os indivíduos a agirem conjuntamente na busca de objetivos comuns.

Outros autores identificam a questão da confiança como elemento fundamental ao desenvolvimento do capital social.

Diante dos estudos até aqui realizados, é notória a complexidade do processo decisório.

Assim, é necessária a utilização de ferramentas racionais, desde que consideradas as limitações cognitivas dos indivíduos e sua interação com o ambiente, pois, ao estabelecerem relacionamentos no contexto organizacional, eles estão sujeitos às relações de poder em razão dos conflitos de interesses gerados.

Considerando que decidir requer ação, que toda ação ou decisão envolve risco, que a disposição pela ação depende da favorabilidade ou aversão ao risco que a ação contempla, que há uma relação direta entre a atitude perante o risco, a tomada de decisão e o desempenho da companhia, e que a confiança tende a incentivar os indivíduos a agirem conjuntamente, é razoável sugerir que as relações de confiança podem influenciar um comportamento favorável à tomada de decisão que incentive uma predisposição ao risco por parte dos gestores.

Isso posto, a formatação de um modelo de gerenciamento do risco, que oriente o processo de tomada de decisão, é um caminho importante a ser trilhado.

Porém, antes de uma análise mais detalhada sobre a questão da confiança e sua interferência na percepção de risco, é importante fazer uma avaliação mais detalhada do risco, apresentada logo a seguir.

4.3 Processo de Tomada de Decisão: Uma Visão Crítica dos Modelos Centrados nos Indivíduos

Mesmo no modelo racional, a utilização de cálculos estatísticos indica a existência de "risco" na tomada de decisão amparada por ele, já que, segundo a teoria das probabilidades (Pascal, 1654 *apud* Bernstein, 1997) — ainda que observados todos os critérios (amostra aleatória, qualidade dos dados, representatividade da amostra etc.) necessários à identificação dos resultados probabilísticos —, o fato de os resultados preverem um "desvio padrão" (Moivre, 1730 *apud* Bernstein, 1997) — isto é, uma margem de erro para o resultado identificado, não oferecendo, assim, a certeza de que ele se concretizará — demonstra por si a limitação do modelo, que, apesar da contribuição positiva que pode oferecer às decisões, ainda ignora as limitações cognitivas, próprias do ser humano.

Essas limitações cognitivas, estimularam a crítica de Connolly (1980) aos estudiosos que acreditam que a melhor decisão é aquela tomada por uma pessoa que detém conhecimentos (processos e modelos, a exemplo do acima proposto) e habilidades (experiência adquirida).

Para o autor, o paradoxo na competência de decisão está na constatação de que, não obstante as limitações cognitivas dos seres humanos em contraponto a complexidade dos problemas existentes, as decisões tomadas indicam uma *performance* razoável.

Em suas considerações, procura demonstrar que as decisões são tomadas, de fato, por um "longo, complexo e comumente mal-entendido e difuso processo de decisão, onde muitos indivíduos estão envolvidos", sugerindo que a participação do gestor em uma decisão pode estar limitada, eventualmente, à sua assinatura.

Esses estudos vão de encontro à crença de que a competência de decisão está ligada à capacidade dos gestores de associar seus conhecimentos e habilidades a uma atitude favorável ao risco.

O autor oferece uma interpretação diferente, na qual sugere que a decisão emerge da interação de vários indivíduos, por meio das pequenas decisões que são tomadas durante o processo.

Apesar de reconhecer que as decisões são baseadas em um complexo processo que representa a organização — não obstante as diversas decisões operacionais tomadas por vários profissionais diariamente em toda a empresa —, as decisões estratégicas que envolvem maiores riscos são adotadas por gestores que têm menor aversão ao risco, se comparados aos demais profissionais. Portanto, são eles que assumem os maiores riscos em suas decisões.

Os resultados auferidos na pesquisa de MacCrimmon (1986) indicam que a exposição pessoal ao risco é menor em empresas que estabelecem processos de decisão em grupo, conforme sugerido por Connolly (1980), do que naquelas que centram seus processos de decisão no indivíduo.

Assim, apesar dos argumentos apresentados por Connolly (1980), mas considerando o atual ambiente competitivo enfrentado pelas organizações e que o próprio autor, ao se referir às pequenas decisões que são tomadas durante o processo de decisão, reconhece a importância de uma atitude (ação) individual — que, pela incerteza de seu resultado, envolve risco — pode-se dizer que é fundamental uma atitude favorável à tomada de decisão, à assunção de riscos por parte dos indivíduos, para influenciar a atitude dos profissionais da organização.

Parece importante ressaltar ainda que o ambiente competitivo — com situações cada vez mais adversas, resultado do maior nível de exigência por parte dos consumidores e da capacidade de inovação das organizações — requer rapidez nas respostas, nas decisões, demonstrando que a decisão individual pode, em determinadas situações e em razão de sua agilidade, oferecer vantagem competitiva à organização.

A percepção de que a decisão ágil é um fator que confere vantagem competitiva às empresas e ainda ampara a sustentabilidade dessa vantagem, ratifica, mais uma vez, a importância de se identificar modelos/processos que incentivem e qualifiquem a tomada de decisão pelos gestores.

4.4 Aprendendo a Decidir

O processo de decisão é muito mais um procedimento no qual lentamente vai se formando conceitos sobre os acontecimentos do que dedutivo. O processo de decidir exige tolerância, embasado na idéia de que os resultados das ações do passado serão percebidos nas experiências vivenciadas e nas interpretações atuais.

Tomar decisões geralmente gera conflitos, o que explica haver a interferência de tendências políticas nesse processo. As questões políticas nas organizações, conforme destacado anteriormente, afetam o uso da informação, fato que, considerando que a informação é essencial para a tomada de decisão e que a informação pode ser gerenciada, destaca a importância da confiança para entender as relações existentes nas organizações.

Conflitos requerem negociações que despendem tempo.

Assim, levando em conta que o processo de tomada de decisão envolve negociações nem sempre precisas, é fundamental a existência de valores, como confiança e lealdade.

A crença de que a confiança é difícil de ser encontrada e sustentada em uma organização traz à tona o poder de uma cultura na qual os indivíduos são confiáveis, afinal, as pessoas seguem regras nas empresas, fazendo com que grande parte do comportamento organizacional receba o impacto dos processos operacionais, padrões profissionais, normas culturais e estruturas institucionais.

Esse contexto faz com que o profissional apresente freqüentemente um comportamento esperado, muitas vezes dissonante de suas próprias crenças, fato que nos remete a uma reflexão sobre como as regras são desenvolvidas.

Inicialmente, uma organização aprende com sua experiência, definindo assim suas regras com base nos resultados obtidos. Encontramos aí o primeiro conflito, pois as regras individuais pouco variam, enquanto as regras sociais se alteram o tempo todo de maneiras e extensões diferentes.

Portanto, o processo de tomada de decisão, na maioria das organizações, pode ser entendido como o reflexo de suas normas, caracterizando-se como caprichos organizacionais com o efeito parecido ao do "sarampo", o qual as pessoas pegam umas das outras.

Os estudos tradicionais sobre os processos de tomada de decisão sempre consideraram que a decisão é compreendida no momento em que ela é tomada.

Essa idéia clássica está relacionada com a crença de que os eventos e atividades podem ser ordenados em uma cadeia de meios e fins, causa e efeito, associando a ação com suas conseqüências.

No entanto, as mudanças continuadas, especialmente na área tecnológica, não são profundamente assimiladas. Alianças, preferências e percepções também mudam. As soluções parecem ter cada vez menos conexão com os problemas.

Essa afirmação baseia-se em uma mudança de foco em relação à crença de que a vida depende de escolhas para ter qualidade e que, para tanto, elas podem ser feitas por meio do acesso às informações. Muitos estudos indicam que pouco tempo é gasto no processo de tomada de decisão. De fato, os gestores gastam muito tempo em reuniões, encontros e processos operacionais.

Assim, o processo de escolha envolve uma definição de valores e verdades, procurando identificar justificativas para as ações dos profissionais e distribuindo glórias e penalidades pelos resultados obtidos, fato que reafirma a amizade ou a confiança, o antagonismo ou o poder nos relacionamentos. Compreende também um esforço para a socialização que busca "educar" os mais jovens, além de possibilitar que se desfrute do prazer de fazer parte de um processo decisório.

Os rituais do processo de escolha levam a eventos repetitivos, ligados a crenças na natureza das coisas. Esses rituais dão sentido à escolha.

Os símbolos reforçam a idéia de que os gestores afetam os resultados da organização e fortalecem a concepção de que a premissa da vida não está ligada inicialmente à escolha, e, sim, à interpretação. Os resultados são geralmente menos importantes que os processos.

Os processos é que dão verdadeiramente sentido à vida, e sentido é a questão central da vida. Esse é o motivo pelo qual os indivíduos dedicam tanto tempo para os símbolos, mitos e rituais: são as questões que mais os preocupam.

Assim, as decisões nas organizações envolvem um conjunto de indivíduos que tentam agir racionalmente com conhecimentos limitados e preferências, de acordo com padrões de comportamento em situações cada vez mais ambíguas, descobrindo, construindo e interpretando um mundo cada vez mais confuso.

Essa mudança de foco tem o objetivo de chamar a atenção para a existência de informações importantes que são ignoradas e de buscar novas informações não utilizadas, para que os gestores e as organizações não tomem decisões antes de avaliar as informações relevantes, em razão do tempo que gastam com processos e informações sem tanta relevância para a escolha.

Essa proposta não sugere que o comportamento dos gestores é inadequado, e, sim, suas concepções sobre a informação nas organizações.

Ambientes que estimulam a competição podem incentivar uma produção excessiva de informações. Estratégias e tecnologias que visem o compartilhamento de conhecimentos, informações e experiências podem encorajar mais a disseminação de velhas idéias do que a criação de outras.

Gerenciar a vida ou a organização pressupõe gerenciar ambigüidades e interpretações. A informação deve ser menos orientada para a antecipação de futuras incertezas e mais para a interpretação de ambigüidades passadas; menos orientada para incrementar idéias antigas e mais para o estímulo a novas idéias.

Portanto, é possível sugerir que a educação, sobre o risco e seu gerenciamento, dos profissionais que tomam decisões pode favorecer o aprimoramento das crenças existentes e induzir a um comportamento amadurecido para a decisão com a utilização de ferramentas que favoreçam a qualidade da informação e também o processo intuitivo.

Capítulo 5

Risco

5.1 Conceito e Características Associadas

O risco está relacionado a situações de incerteza. A palavra deriva do italiano antigo *risicare*, que significa ousar, arriscar. Essa definição mostra que assumir risco é uma opção dos indivíduos e está ligada às ações que ousamos e temos liberdade para praticar.

A idéia de risco é originária das explorações ocidentais — navegação em águas não cartografadas — em novos e desconhecidos territórios.

A necessidade de aprofundamento da questão do risco surgiu há mais de dois séculos com as pesquisas realizadas por Daniel Bernoulli, em 1738, estudioso que definiu, pela primeira vez, a forma sistemática pela qual as pessoas fazem escolhas e tomam decisões.

Muitos acreditam que podem evitar os riscos não agindo. Imaginam que, ao se abster da ação, o indivíduo faz uma opção de não correr risco.

No entanto, a inação é freqüentemente arriscada, pois há alguns riscos que precisam ser enfrentados, quer as pessoas gostem ou não, e não agir, não tomar decisões pode, na realidade, majorá-los em um determinado evento.

Isso explica porque as pessoas procuram adiar a decisão quando os riscos inerentes a uma escolha são sérios e não há alternativa visível que reduza essa expectativa. Nessas situações, os indivíduos procuram transferir a decisão, minimizando a possibilidade de resultados negativos ou a responsabilidade pessoal pela decisão.

Na verdade, os indivíduos passam a vida à procura de estabilidade, de segurança, da probabilidade de viver livre de riscos, mas o risco é inerente à ação, pois viver requer escolhas e, para isso, é necessário assumir riscos. Assim, o risco é inevitável, já que não há ações livres de risco.

A força das tradições está declinando, fruto das mudanças contínuas estimuladas pelo processo de globalização, e a nova realidade exige que decisões sejam tomadas.

O lado sombrio da tomada de decisão é a dependência que se tem das experiências passadas. Se as tradições são rompidas diuturnamente, a escolha, que deveria ser realizada e impelida pela autonomia, passa, com a instabilidade criada, a ser subvertida pela ansiedade.

Se no passado os hábitos estavam relacionados a escolhas livres, a sua repetição escraviza, torna as pessoas dependentes desse passado.

Isso posto, é razoável deduzir que os riscos não podem ser completamente eliminados. Assim, quando se reconhece que os riscos existem, além de se aceitar que as coisas podem dar erradas, reconhece-se que essa possibilidade não pode ser evitada.

Na verdade, nem sempre a procura por reduzir o risco é favorável, já que há uma relação estreita entre risco e inovação, lembrando que, atualmente, a soma dos riscos financeiro e empresarial é que estimula a economia global.

O risco está presente na vida de todas as pessoas. Como são inevitáveis, as decisões podem constituir-se em riscos para quem as toma e para as outras pessoas que são por elas influenciadas ou atingidas.

Os indivíduos enfrentam a questão do risco em diversos aspectos de suas vidas e nos vários papéis que nela desempenham.

Na função de executivo de uma empresa ou de representante de determinado grupo, os riscos assumidos não são aqueles inerentes à figura do pai de família, por exemplo.

Portanto, os riscos assumidos diariamente estão relacionados às questões financeiras, físicas (saúde), psicológicas, sociais e assim por diante.

Muitas iniciativas empreendidas na busca por objetivos ampliam os riscos pertinentes à conquista desses mesmos objetivos. A procura pelo sucesso, por exemplo, ao mesmo tempo que oferece oportunidades, também traz consigo, constantemente, maiores riscos de perdê-lo.

Não há como eliminar os riscos financeiros a que todos estão expostos.

Demandas inesperadas podem exigir gastos superiores às receitas e riquezas dos indivíduos. As decisões tomadas diariamente nas empresas oferecem riscos de crédito; os preços praticados pelos concorrentes podem ter como conseqüência uma redução de margens e, em alguns casos, até operações deficitárias.

Os acidentes, a violência urbana, as questões hereditárias, os hábitos alimentares e até os exercícios praticados regularmente, ou a sua ausência, podem comprometer a saúde das pessoas e, por conseguinte, suas condições físicas.

Os desafios profissionais também imputam sérios perigos. A escolha, por exemplo, pela carreira de médico pode oferecer grandes limitações à função de pai, mãe, marido e esposa. Por outro lado, a manutenção, o aprimoramento e o sucesso em determinada profissão estão relacionados com outras tantas variáveis, como formação, responsabilidades, recursos disponíveis, entre outros.

As metas atribuídas às pessoas, a busca por objetivos, envolvem, muitas vezes, riscos sociais, pois, quando falhas são cometidas, os indivíduos podem sofrer rejeições e, com elas, experimentar a perda de auto-estima, por exemplo.

O risco pode ser visto como uma exposição à possibilidade de perda ou injúria. Isso posto, para ser considerada de risco, uma situação precisa oferecer probabilidade de perda, que pode ser, inclusive, majorada pela ação de quem toma as decisões.

Assim, há três elementos relacionados ao risco que devem ser considerados: a perda potencial, a chance de perder e a exposição à perda. Logo, reduzir o risco depende da diminuição de, ao menos, um desses componentes.

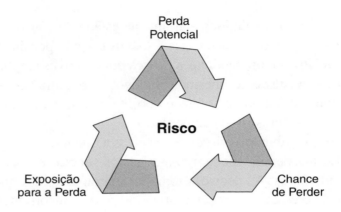

Figura 5.1 ::: Elementos para a ponderação do risco.

Definidos esses elementos, há dois tipos de ações possíveis:

- a primeira é uma ação segura, que mantém o s*tatus quo*. Uma situação que indique com clareza quais perdas ocorrerão sugere um tipo de ação mais segura;
- a segunda é a ação de risco e representa uma escolha ou decisão que oferece tanto possibilidades de ganhos quanto de perdas. Se, por exemplo, não há dúvida de que os resultados dessa ação serão favoráveis, provavelmente a ação de risco deve ser a escolhida.

O grande desafio está na incerteza do resultado esperado, ou seja, o resultado está ligado à probabilidade.

Essa incerteza quanto ao resultado de determinada ação exige uma atitude favorável ou desfavorável de quem decide em relação à sua interferência na ação, demonstrando a predisposição ou aversão ao risco desse agente.

Como mencionado anteriormente, já que toda decisão inclui o risco, as decisões tomadas diariamente envolvem escolhas que podem oferecer riscos aos que decidem e a tantas outras pessoas que estão ligadas aos resultados provenientes de tais decisões.

No ambiente profissional, por exemplo, escolhas afetam carreiras profissionais e empresas, conseqüentemente. Muitas decisões profissionais oferecem riscos para empregados, clientes, fornecedores, acionistas, enfim, a todos os que participam do contexto organizacional, especialmente aqueles que sofrem impactos diretos das decisões, como é o caso de uma cadeia de suprimentos.

Assim, os diversos profissionais das organizações têm de conviver continuadamente com decisões e com os riscos inerentes a elas. Decisões como a de fechamento de uma planta industrial podem causar, em médio prazo, além dos prejuízos imediatos — desempregos, desvalorização dos ativos, desgaste da marca, etc. —, danos ainda maiores para a comunidade, como a redução de consumo, de impostos e, conseqüentemente, do bem-estar social daqueles indivíduos.

Essa realidade demonstra o grau de risco com o qual as escolhas estratégicas estão relacionadas. Se as decisões operacionais parecem proporcionar alguns riscos, certamente as decisões estratégicas estão carregadas de perigos e incertezas ainda maiores.

As incertezas, que circundam a questão do risco, estão ligadas aos eventos externos e internos às organizações. Fornecedores, mercados financeiros e de consumo, regulamentações governamentais e as mais diversas condições econômicas caracterizam os eventos externos às empresas capazes de interferir na sua realidade. Já outras questões, como as relações com os empregados, habilidades gerenciais, limitações de recursos, tecnologia e inovação, estão ligadas à realidade interior das organizações.

No contexto interno que relaciona inovação, por exemplo, com risco, cabe lembrar que a inovação é uma fonte essencial à sustentação da competitividade das organizações e fruto da singularidade dos processos dessas empresas, inerente às habilidades e conhecimentos de seus profissionais, que representam um dos principais diferenciais competitivos da empresa — o capital intelectual — pela sua capacidade de inovar e de decidir.

Muitas investigações a respeito da tomada de decisão nas organizações não têm seu foco sempre voltado para a questão do risco e da predisposição dos gestores para o risco, assim como os estudos sobre o risco na tomada de decisão não precisam, necessariamente, estar voltados para o comportamento gerencial.

O risco é apenas um dos atributos usados para avaliar alternativas arriscadas.

Os autores de teorias sobre escolha assumem que quem decide prefere ter expectativas de retornos altos em detrimentos dos menores; prefere riscos menores, assumindo que se pode fazer uma associação positiva do conceito de expectativa, enquanto para o de risco a associação acaba sendo negativa.

As várias formas que as pessoas que decidem entendem o risco podem corresponder às diferentes definições de risco existentes na literatura científica, pois o fato dessas pessoas também serem diferentes possibilita uma visão completamente distinta da mesma situação.

A preferência pelo risco faz parte da personalidade do indivíduo, mas outras variáveis — por exemplo, humor, intuição e como os problemas são assimilados — podem interferir na sua percepção e atitude diante dele.

Quando aquele que decide enfrenta uma situação de risco na qual os resultados previstos são geralmente bons, essas variáveis aparecem para estimular certa aversão ao risco, no entanto, resultados pobres podem induzir a uma postura mais favorável a sua assunção.

Portanto, escolher envolve uma análise de risco *versus* retorno, na qual as pessoas com aversão ao risco sacrificam sua expectativa por resultados, preferindo escolhas menos arriscadas.

Shapira *apud* March (1987) ao citar um dos executivos entrevistados em seus estudos — que, ao comparar um investimento de milhões de dólares com outro de 50 centavos de dólar, declarou enxergar um elevado risco no primeiro caso e a inexistência dele no segundo — identificou que, para os gestores participantes de sua amostra, a definição de risco mais adequada está relacionada com quanto se pode perder e não com a probabilidade de sucesso ou fracasso da decisão.

Já os executivos entrevistados por MacCrimmon (1986) declararam que a assunção de risco nas organizações é muito mais uma escolha dos profissionais do que um incentivo das empresas. Por avaliarem que a disposição para assumir risco é um componente essencial para a competência de gerir, acabam acreditando que são grandes adeptos ao risco, muito mais do que de fato são.

Os resultados de March (1987) revelaram-se interessantes principalmente quando comparados aos apresentados pelos estudos de MacCrimmon (1986), no qual os gestores demonstraram maior propensão ao risco em questões ligadas às empresas do que às situações pessoais.

Em situações de risco que envolvem sentimentos — como ansiedade, medo e prazer — a disposição para assumi-lo também é afetada pelo contexto, o que sugere que executivos que vêem seus empregos ou posições ameaçadas podem ser mais propensos a assumir riscos em comparação àqueles que estão seguros.

Esse fato também revela um paradoxo, pois, ao contrário do que constatou March, os executivos deveriam assumir maiores riscos em situações mais tranquilas, que seriam propícias para eles obterem mais informações com o objetivo de amparar o processo de tomada de decisão com mais segurança.

De fato, ainda segundo March, os gestores acreditam ser capazes de modificar e de reduzir os riscos ao assumirem que são favoráveis a eles, esperando que não seja necessário enfrentá-los.

Essa visão indica que as experiências vividas pelos indivíduos são utilizadas para excluir eventuais possibilidades de risco e fazem com que eles não considerem ou não se esforcem para obter informações mais aprofundadas sobre a situação, demonstrando que não conhecem, não entendem e, por isso, talvez, não confiem em processos profissionais de tomada de decisão.

O fato de ignorar resultados com baixa probabilidade de ocorrência pode gerar surpresas inesperadas para as empresas ou, ao contrário, induzir decisões conservadoras sistematicamente pelo simples fato de ignorar as alternativas possíveis.

Esse quadro pode explicar por que muitos indivíduos que foram capazes de correr sobre muros estreitos em sua infância, apesar de ainda poderem fazê-lo em um meio fio, não o são mais — apesar da experiência adquirida pela percepção do perigo — por simplesmente ignorar as possibilidades de redução do perigo com o estudo de novas informações sobre tal procedimento, que podem modificar sua ação e reduzir o risco dessa experiência.

March, então, propõe uma visão nova em relação ao risco que, em vez de considerar a incerteza sobre prováveis resultados, considera os custos desses resultados, voltando o foco da decisão para as relações de risco *versus* retorno, em detrimento da simples volatilidade existente. O autor sugere alterar o foco do processo decisório da decisão propriamente dita para a atenção que deve existir em relação ao processo.

Privilegiar o resultado pode estimular quem decide a assumir uma atitude mais favorável ao risco em detrimento dos perigos existentes. Isso acontece porque as oportunidades são mais ressaltadas do que os riscos de perdas, fazendo com que os gestores bem-sucedidos acabem tendo uma atitude de aversão a eles.

Como vimos, assumir riscos é essencial para inovar e obter sucesso, mas um bom gestor é aquele que tem uma atitude favorável ao risco sem ser um jogador.

As empresas valorizam a predisposição para o risco, mas não desejam ter jogadores em suas funções estratégicas. Assim, o desafio está em desenvolver e manter reputações gerenciais (cultura) para a assunção de bons riscos e aversão aos altos riscos, isto é, o gestor deve ter uma atitude favorável ao risco, mas deve entender que é preciso ganhar mais do que perder.

Para encorajar ou inibir a predisposição ao risco, as organizações precisam entender como os gestores pensam, pois parece ser mais eficaz voltar a atenção dos profissionais para novos conceitos do que tentar mudar suas crenças "contaminadas" por suas experiências vividas.

> Nós deveríamos ter o cuidado de extrair de uma experiência só a prudência que há nela — e parar ali; para que não pareçamos com o gato que senta na tampa de um fogão quente. Com a experiência vivida, certamente nunca mais sentará em uma tampa de fogão quente novamente, porém, também não sentará em uma tampa fria (Twain, 1897, p. 124, *apud* Denrell e March, 2001, p. 523).

Assim como as experiências de fracasso, tentar repetir experiências de sucesso pode resultar em estímulos contra novas alternativas e, por conseqüência, contra bons riscos.

A busca por informações adicionais em casos de insucesso, por exemplo, pode, ao corrigir alguns erros, oferecer novas alternativas às que já haviam.

Por outro lado, as alternativas com poucas informações tendem a ser evitadas, mas, ao se esquivar de uma alternativa que inicialmente parecia pior do que realmente é, aumenta-se a dificuldade de encontrar soluções. A esse fenômeno é dado o nome de "efeito do fogão quente", que se refere a incapacidade de corrigir antigos erros por uma avaliação assimétrica ou linear das experiências vividas.

Surge assim uma nova e importante variável: o tempo.

A maioria das novas alternativas requer prática para que seus resultados apareçam, pois os resultados tendem, inicialmente, a ser menores em relação ao seu potencial, podendo melhorar sua *performance*, com menor variação, de acordo com a repetição da experiência.

Essa colocação incita a uma reflexão: experiências negativas podem prejudicar a escolha de alternativas mais arriscadas, assim como as positivas podem induzir as de maior risco, majorando, eventualmente, o perigo da escolha. Como resultado, o erro tem menor probabilidade de ser corrigido.

Essa situação, favorecida pelas experiências vividas pelos indivíduos envolvidos no processo decisório, pode provocar um "aprendizado supersticioso", instigando os participantes a alternativas inferiores.

Figura 5.2   :::   Aprendizado supersticioso.

Analisando os fatos, é possível sugerir que aqueles indivíduos e/ou organizações que persistem em novas alternativas podem adquirir novas competências, incrementando, eventualmente, a probabilidade de escolher de maneira mais acertada e, assim, reduzir os riscos de resultados inesperados em suas escolhas.

No entanto, a disposição para o novo depende de informações de qualidade, pois a experiência com alternativas "pobres", por longos períodos de experimentação, caracteriza-se como uma estratégia de elevados custos.

Figura 5.3 ::: Novas alternativas — aprendendo com os erros (inovação).

A troca de novas experiências entre as organizações, por exemplo, pode eliminar uma falsa impressão sobre determinado resultado negativo, produzindo um importante aprendizado ao longo de toda uma cadeia de suprimentos.

Essas proposições mostram que a aversão ao novo ou às alternativas mais arriscadas pode estar menos relacionada aos indivíduos, organizações ou culturas e mais à sua própria educação e ao seu aprendizado.

O aprendizado pode reduzir a aversão ao risco e a resistência à mudança, à medida que os benefícios desse processo passam a proporcionar decisões melhores, tornando maiores as vantagens do que os custos envolvidos.

Ambientes com riscos e alternativas pobres podem apresentar custos maiores que benefícios.

Isso posto, considere que:

- correr risco é inevitável, já que decisões são tomadas o tempo todo e, em razão das incertezas inerentes à dinâmica humana, oferecem riscos não só para quem decide, mas, também para as pessoas vinculadas aos resultados dessas escolhas; e
- os gestores, por estarem ligados a decisões estratégicas que interferem diretamente na vida de muitas pessoas, acabam assumindo riscos superiores àqueles do dia-a-dia.

Portanto, é fundamental, neste ponto, uma análise que considere as atitudes, o comportamento de quem decide em situações de risco e ofereça sugestões de como incentivar a predisposição desses profissionais ao risco, já que, assim como as decisões, eles são inevitáveis.

As atitudes representam nossas avaliações dos objetos, preferências e antipatias. É a resposta imediata e consistente a uma situação que demonstra a disposição do indivíduo para agir.

Uma estrutura de conhecimento abrange pensamentos e sentimentos do indivíduo em relação a outras pessoas, grupos ou organizações, mediante os quais ele define sua estrutura de interação com os outros.

Ao considerar os conceitos de diversos autores estudados, é possível definir atitude como sendo uma organização duradoura de crenças e cognições em geral que compreende uma carga afetiva pró ou contra algum objeto ou situação, identificando uma predisposição à ação, de ir em direção a um objeto social.

As atitudes constituem-se em bons previsores de comportamento, isto é, se conhecemos as crenças, favoráveis ou desfavoráveis, de um determinado indivíduo em relação a um objeto ou situação, é possível prever o comportamento, ação ou reação dele no que se refere a uma determinada circunstância, por exemplo, a identificação de um problema.

As atitudes são influenciadas por valores.

Valores são padrões ou princípios considerados desejáveis, como lealdade, justiça, honestidade, responsabilidade, integridade, competência, consistência e abertura. Eles são dotados de componentes cognitivos, afetivos e previsores de comportamentos, porém, são diferentes das atitudes em razão de sua generalidade, o que explica por que poucos valores podem influenciar uma grande quantidade de atitudes.

Um sistema de valores determina os tipos de comportamentos, eventos, situações ou pessoas que são desejáveis ou indesejáveis.

Esses mecanismos que influenciam o comportamento, somados a sua exteriorização, podem intervir no relacionamento interpessoal e ser utilizados por uma ou mais pessoas para sugestionar outros indivíduos, fato que demonstra a importância desses mecanismos na organização administrativa.

Se, por exemplo, aqueles que assumem risco são reconhecidos e beneficiados com seu comportamento, essa experiência coletiva na organização acaba encorajando-os a continuar assumindo mais e mais risco.

O comportamento dos profissionais diante do risco pode ser classificado em ativo e passivo. O comportamento ativo indica a iniciativa de se tentar ajustar os componentes de risco (o potencial de perda, a chance de perda e a exposição à perda), ou seja, é uma atitude que visa minimizar a participação desses componentes na situação de risco. Já o comportamento passivo se resume a selecionar uma alternativa entre as existentes.

A maioria das pessoas tem um comportamento passivo diante do risco. Aqueles que estão predispostos a ele (comportamento ativo) procuram minimizar essas situações, ganhando tempo, conseguindo informações e aprimorando controles.

As situações de risco diferem em relação ao grau de risco que oferecem, ao nível de risco que uma empresa está disposta a se expor e, por conseqüência, às opções de ação disponíveis. Assim, cabe ajustar a disposição para o risco das empresas com o grau de risco existente em seu contexto e com o comportamento diante do risco esperado de seus gestores.

De acordo com a literatura de psicologia disponível, há uma série de atitudes relacionadas ao risco.

Duas das mais comuns são: o desejo por um ambiente desafiador e estimulante e a crença de que é possível controlar esse ambiente.

A busca por um ambiente desafiador varia de acordo com a atitude perante o risco.

Risco

Os gestores com baixa aversão ao risco estão mais predispostos a assumir responsabilidades, administram melhor os riscos de perda e toleram melhor as situações de incerteza.

Enquanto os gestores que têm aversão ao risco costumam valorizar demasiadamente as possibilidades de perda, os que têm baixa aversão ao risco costumam minimizá-las, focando sua percepção nas oportunidades por ele oferecidas.

Profissionais mais dispostos a assumir riscos tomam decisões mais rápidas.

Figura 5.4 ::: Predisposição para assumir riscos — decisões rápidas.

As pessoas que se adaptam melhor às situações turbulentas têm menor aversão ao risco, incorporando-o freqüentemente em suas decisões, do que aquelas pessoas que não se adaptam a essas circunstâncias.

Muitas oportunidades oferecem perspectivas de enriquecimento, o que é altamente motivador, mas poucas pessoas ficam ricas sem correr riscos, o que ratifica a necessidade de assumí-los em mercados competitivos.

A crença de que é possível controlar o ambiente de risco pode nos levar à busca de modelos capazes de gerenciá-los.

5.2 Gerenciamento do Risco

O risco pode ser gerenciado, mas esse gerenciamento é complexo, inexato e requer significativos investimentos.

Assim, para o gerenciamento das situações de risco é fundamental um modelo no qual se reconheça, analise, ajuste e estruture a situação de risco, para se decidir pela escolha mais adequada.

A este modelo, MacCrimmon deu o nome de REACT (*Recognizing, Evaluating, Adjusting, Choosing the Actions, and Tracking the Outcomes* — Reconhecimento, Avaliação, Ajuste, Escolha e Monitoramento).

Reconhecimento

A fase de reconhecimento admite que, após adquirir algumas informações, é possível identificar se uma situação oferece alguma probabilidade de perda. Nesta fase, a melhor atitude é entender essas probabilidades e fazer escolhas consistentes, tendo em vista os objetivos principais.

Avaliação

A fase de avaliação prevê que quem decide deve assumir se está ou não pronto para interferir na situação identificada. A ação do indivíduo pode reduzir ou incrementar os riscos existentes.

Ajuste

Na fase de ajuste, é fundamental um comportamento ativo ou passivo diante da situação de risco. Um comportamento ativo pode indicar uma predisposição para assumir riscos por parte do gestor, necessária, por exemplo, em processos de aquisições, fusões e incorporações. Já o comportamento passivo pode sugerir aversão ao risco por parte de quem decide, por exemplo, quando ele está procurando proteger sua empresa em um processo de aquisição por outra.

Escolha

A escolha representa a questão central do risco. No momento em que se faz uma escolha, os resultados serão certamente afetados por ela.

Monitoramento

Após a tomada de decisão, é essencial um monitoramento, acompanhamento, dos resultados, fruto dessa decisão. Essa observação oferece a oportunidade de aprendizado por meio da medição dos resultados, que indicarão a necessidade de uma eventual correção e aprimoramento do processo de mitigação do risco.

É possível identificar os perfis de risco dos profissionais e, conseqüentemente, o seu nível de tolerância ou de aversão a ele. No modelo de tomada de decisão, proposto e apresentado anteriormente, que insere a questão do risco nos processos de tomada de decisão — quando as incertezas ou riscos podem ser identificados, considerados os respectivos resultados e suas "probabilidades" —, as decisões a serem tomadas, ainda que incertas, asseguram maturidade ou profissionalizam o processo de tomada de decisão, dando oportunidade, inclusive, para se ajustar o perfil de gestor adequado aos riscos envolvidos.

Assim, parece importante destacar que, de acordo com esse modelo, mesmo considerando os cenários mais dinâmicos e competitivos, o risco pode ser melhor administrado no que diz respeito ao nível de tolerância dos profissionais, quando seus perfis são avaliados.

A percepção de riscos maiores faz com que os profissionais reivindiquem contrapartida por parte da empresa, demanda que podemos definir como um prêmio de risco. Assim, o aumento da percepção de risco pode causar impacto à produtividade dos profissionais, à sua escolha na aquisição de novos conhecimentos (educação) e funções, além de influenciar outras decisões econômicas, ou seja, interfere em seu comportamento.

A presença acentuada de ambigüidade nas organizações incentiva a percepção de risco dos profissionais. Assim, aqueles que possuem menor aversão ao risco e têm mais tolerância à ambigüidade demonstram maior confiança em suas escolhas. A capacidade de assumir riscos requer confiança. Os profissionais com esse perfil percebem mais oportunidades em situações de risco e expressam confiança em sua habilidade de tirar vantagens delas.

Isso nos leva a acreditar que a menor aversão ao risco por parte de quem toma decisões está diretamente relacionada à confiança que ele possui em sua capacidade de decidir e, por conseguinte, maior será sua "competência de decidir" em situações adversas ou de risco.

Em ambientes com altos níveis de confiança, as pessoas têm maior predisposição a assumir riscos, pois a existência do risco faz com que a confiança influencie suas escolhas e comportamentos.

Assim, o respeito ao risco é a questão central da confiança, dada a sua importância nessas situações, o que explica o fato de os indivíduos fazerem escolhas mais conscientes naqueles ambientes em que a confiança não só existe como é estimulada.

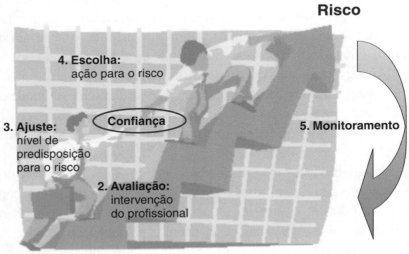

Figura 5.5 ::: Gerenciamento do risco.

Assim, é possível afirmar que a confiança é um insumo essencial às relações que envolvem organizações e indivíduos.

Neste contexto, que considera a relação entre confiança e risco, é importante observar que ambientes permeados pela confiança influenciam relacionamentos colaborativos rapidamente, e muitos objetivos econômicos são atingidos com sucesso em fusões, aquisições e incorporações, graças aos altos níveis de confiança nos relacionamentos sociais e organizacionais dessas empresas.

Capítulo 6

Ambiente de Confiança e Predisposição ao Risco

A palavra confiar vem do latim, *confidare, confidere,* que significa ter confiança, fé, esperança, crença.

Confiar significa assumir riscos e se tornar vulnerável às atitudes daqueles que confiamos, com os quais nos relacionamos.

A confiança pode ser percebida também como uma crença ou crédito em alguma qualidade ou atributo de uma pessoa ou coisa, ou na verdade de uma afirmação.

Ela está relacionada às expectativas que um indivíduo tem em relação ao comportamento de outro, em que um espera que sua segurança seja preservada pelas atitudes do outro e vice-versa.

A confiança envolve as expectativas criadas em um grupo social, uma comunidade em que há normas compartilhadas pelos indivíduos que a integram e na qual valores como honestidade e cooperativismo são cultivados, gerando um comportamento estável.

Tanto crença quanto crédito guardam uma relação direta com a "fé" ou a confiança, porém, com uma distinção: a confiança está relacionada diretamente ao risco, pois as atividades e decisões diárias podem oferecer resultados inesperados, fato que pressupõe uma consciência das circunstâncias de risco, diferente da crença que sugere que os acontecimentos que nos são familiar — também chamados de expectativas genéricas, como a de que o sol brilhará pela manhã — permanecerão estáveis. Ainda assim, confiança e crença estão ligadas às expectativas que podem ser frustradas.

De acordo com esta concepção, o indivíduo que reconhece a incerteza do resultado esperado e se arrisca assume que confia, enquanto aquele que não considera essas alternativas, crê, culpando, por exemplo, outra pessoa quando vê frustrada sua crença. A confiança, então, pressupõe uma consciência dos riscos possíveis e, por conseqüência, a identificação de alternativas para a ação.

Alguns autores concordam quanto à distinção entre confiança e crença, e sua relação com risco, mas nem todos concordam que a confiança representa uma consciência dos riscos envolvidos.

Para alguns, há uma conexão entre confiança e o que chamam de "segurança ontológica" (crença na continuidade da auto-identidade e constância de ambientes sociais), o que insere o indivíduo no contexto social, inserção chamada de "ser-no-mundo".

Por fim, do ponto de vista filosófico, esta crença é um fenômeno emocional e não cognitivo, pois cognitivamente há poucos aspectos da existência humana dos quais se pode estar certo.

Jian, Bisantz e Drury realizaram uma pesquisa com universitários americanos, com o objetivo de definir o conceito geral de confiança, de confiança entre pessoas e de confiança entre pessoas e sistemas computacionais.

Eles conseguiram comprovar que os conceitos de confiança e desconfiança são, de fato, opostos, como muitos autores já haviam afirmado, porém, baseados em questionários que não eram fundamentados em escalas empiricamente geradas.

Além disso, conseguiram operacionalizar a sua pesquisa sobre confiança do ponto de vista geral: entre pessoas e das pessoas em relação aos sistemas computacionais.

A operacionalização para a confiança, definida por Jian, Bisantz e Drury, considera três valores relacionados à confiança geral e confiança entre as pessoas — confiabilidade, honestidade e lealdade — que contemplam grande parte das considerações apresentados pelos diversos autores, citados na bibliografia deste estudo, quanto à contextualização de confiança.

No contexto organizacional, as atitudes das pessoas geralmente são influenciadas pelas informações que têm sobre as atitudes da outra parte, que julguem merecedoras de confiança. Esta influência é explicada por três razões: (1) o aumento de interações na organização confere maior incerteza às relações; (2) a interdependência é uma característica essencial à vida organizacional, desde que as relações dos indivíduos e deles com a organização exijam um alto nível de dependência entre as partes; (3) como a interação social é construída de acordo com as expectativas geradas em razão das experiências passadas, é provável que a atitude das pessoas em relação às outras contenham crenças sobre confiança justamente em razão das experiências, conhecimentos e interações passadas.

Assim, a confiança é um tipo específico de crença e não algo diferente dela.

O conceito de crença é mais amplo do que o de atitudes, pois atitudes e valores estão abraçados pela crença. Atitudes são avaliações naturais, valores que determinam como as pessoas avaliam as outras pessoas e as organizações.

A mudança de atitude pode representar ou ser conseqüência de uma mudança de valores.

A evolução da confiança depende do desenvolvimento de atitudes favoráveis e das expectativas a respeito dos comportamentos.

Ao se considerar que os relacionamentos são permeados pela confiança, apresenta-se a necessidade de que ela seja conquistada, trabalhada, o que significa exposição conjunta e revelações mútuas. Portanto, considerando a limitação dos controles, regras e normativos, a questão da confiança deve ser aprimorada no contexto organizacional.

A confiança é evidente nas relações em que há possibilidades de ganhos, se ela existir, e de perdas, se ela não existir. Assim, confiar significa assumir riscos e, conseqüentemente, como todo relacionamento envolve um certo risco, a confiança, de alguma forma, está presente.

Assim, a confiança não é fruto de uma ação irracional, e, sim, uma conseqüência da fé que um indivíduo tem em relação a outras pessoas, relacionamentos e valores sociais.

Ainda quanto ao contexto social, mais especificamente nos relacionamentos presentes nas organizações, há três tipos de confiança que influenciam os relacionamentos profissionais:

1. Confiança vigiada/legal (tradução do autor), também chamada de confiança calculada: é a confiança gerada pela consistência do comportamento dos indivíduos, com base nas suas atitudes, nos seus posicionamentos e o que eles afirmam que pretendem fazer. Essa confiança é sustentada por regras e punições definidas, caso o comportamento esperado não seja cumprido. É fundamental acrescentar ao conceito a questão dos benefícios associados a esse tipo de confiança, pois os profissionais, além de se comportarem orientados pelo receio de uma eventual punição, agem em razão dos benefícios (econômicos, sociais, profissionais) que estes comportamentos, "confiáveis" ou esperados, podem oferecer;
2. Confiança baseada no conhecimento ou na cultura: ocorre quando há informações suficientes sobre os indivíduos, capazes de oferecer entendimento e previsão dos comportamentos uns dos outros;
3. Confiança baseada na identificação ou na empatia: este tipo de confiança tem a empatia como seu principal pilar de sustentação, ou seja, as partes que se relacionam têm a capacidade de entender efetivamente umas às outras, concordando e reconhecendo valores comuns e, conseqüentemente, envolvendo-se emocionalmente no que diz respeito às expectativas.

No ambiente profissional, as pessoas tendem, segundo os tipos propostos, a confiar umas nas outras desde que três condições sejam satisfeitas: se o risco de perda for muito grande em caso de "trapaça"; se for possível prever o comportamento do outro, protegendo-se, assim, de uma eventual falha e, principalmente, se houver empatia entre as preferências das partes envolvidas.

Nesse contexto, a relação de confiança é determinada pela influência mútua de valores, atitudes, temperamentos e emoções. A evolução e as alterações sofridas pela confiança descrevem dois tipos ou formas distintas de confiança: "condicional" e "incondicional".

A confiança condicional é o desejo que as partes têm de se comportarem, uma com a outra, de forma adequada, de acordo com a situação. Nesse tipo de confiança, as atitudes são favoráveis o suficiente para amparar interações futuras. Uma das bases para a confiança condicional é o conhecimento, que possibilita as expectativas positivas geradas entre as partes. Por ser um amplo facilitador das trocas sociais e econômicas, a confiança condicional é a forma mais comum de confiança existente nas organizações.

Já a confiança incondicional é assegurada pela existência de uma crença na confiança mútua, baseada nas experiências de repetidos comportamentos em interações passadas. Ela recebe o impacto dos temperamentos e das emoções positivas, que fortalecem os benefícios entre as partes e sustentam a experiência de confiança. Organizações que precisam de comportamentos cooperativos, para os quais os benefícios não são claros ou específicos, dependem de um nível superior de confiança entre as pessoas e, neste caso, a confiança incondicional pode ser a chave.

Os benefícios à organização, derivados da confiança incondicional, incluem a vantagem competitiva — em razão do valor gerado pelo trabalho cooperativo entre as equipes —, sinergia e o desenvolvimento das capacidades organizacionais gerado por esse processo.

É importante lembrar, por fim, que a confiança condicional, se desenvolvida, pode transformar-se em confiança incondicional, mas, quando as expectativas não são correspondidas, a confiança pode também regredir e se transformar de incondicional em condicional e até de condicional em desconfiança, configurando, assim, sério risco à capacidade competitiva da organização.

Considerando as abordagens acima expostas, pode-se sugerir que os tipos de confiança calculada e por conhecimento estão ligados ao tipo condicional, quando considerados os benefícios envolvidos e esperados pelas partes. Já a confiança por empatia pode ser relacionada ao tipo incondicional, pois existem situações nas quais é impossível um completo monitoramento dos comportamentos, e o reconhecimento de valores comuns é essencial para influenciar comportamentos colaborativos, imprescindíveis à promoção de alta *performance* nas organizações e, por conseqüência, de sua vantagem competitiva.

Até aqui, este estudo não procurou desenvolver um modelo de controle das relações no ambiente profissional, e, sim, mostrar que é possível gerenciar a confiança no contexto organizacional, oferecendo uma perspectiva de longo prazo para esses relacionamentos.

Com essa abordagem, tem início uma proposta que, além de demonstrar ser possível o gerenciamento da confiança no ambiente organizacional, possibilita integrar esse modelo às estratégias ou até mesmo aos investimentos/relacionamentos comerciais entre as empresas, identificando a importância da existência de confiança nos relacionamentos entre fornecedores e empresas para o desenvolvimento e sustentação da competitividade de ambas as partes.

É importante ressaltar que essa questão vem sendo amplamente discutida entre os pesquisadores que estudam a questão do gerenciamento da cadeia de suprimentos (S*upply Chain*), como grande diferencial competitivo para as empresas, capaz de sustentar a competitividade das cadeias de suprimentos, portanto, das próprias empresas participantes dessas cadeias no futuro.

Assim, é fundamental uma relação colaborativa entre os diversos *steakeholders* de uma cadeia de suprimentos, lembrando que a realidade de grande competitividade, imputada às empresas pela globalização, destacou a relação de interdependência entre os seus participantes e vem exigindo deles um comportamento de maior colaboração e integração no processo produtivo.

Esta análise colaborou para um importante estudo de Sheppard et. al. (1998), no qual ele propõe um modelo para identificar e gerenciar os relacionamentos de confiança no contexto organizacional.

Esse modelo será mais bem detalhado a seguir, pois, por meio de suas considerações, ampara toda a questão da confiança relacionada ao escopo desta obra.

Sheppard et. al. realizou, então, em seu artigo "The grammers of trust: A model and general implications", uma ampla revisão sobre a questão dos relacionamentos, considerando as abordagens da Sociologia, Antropologia, Psicologia e Teologia, e destacou o modelo proposto por Fiske (*apud* Sheppard et. al., 1998), segundo o qual, há quatro formas de relacionamento humano:

- **Mercadológico ou de mercado:** a relação custo *versus* benefício é calculável. Há a existência de valores quantificáveis, portanto, é possível medir os ganhos auferidos na troca;
- **Autoritário:** está relacionado à hierarquia, na qual um indivíduo exerce o poder, investido de sua autoridade formal, e o outro, respeita a hierarquia existente;
- **Equivalente:** relações nas quais há uma reciprocidade balanceada e um equilíbrio de contribuições e de benefícios para as partes envolvidas;
- **Comunitário ou colaborativo:** o estreitamento do relacionamento tem ligação direta com a consangüinidade, o parentesco.

Para Fiske *apud* Sheppard et. al. (1998) todos experimentam, de alguma forma, os quatro tipos de relacionamento.

Nessa definição, Fiske não se preocupou com os riscos associados a cada tipo de relação, mas, ao considerar que confiar inclui assumir riscos, Sheppard procurou analisar os relacionamentos propostos por Fiske, associando confiança e risco, mediante a realização de uma análise, que considerou a natureza, a profundidade, o nível de interdependência existente nas relações e os riscos associados.

Definiu, então, quatro formas de relacionamento em relação aos níveis de confiança — classificando-os quanto a sua natureza (dependente ou interdependente) e profundidade (superficial ou profunda) —, nas quais a natureza do relacionamento avalia o nível de interdependência existente e a profundidade, que, como o próprio termo explicita, considera com que intensidade o relacionamento ocorre.

São elas:

- **Dependência superficial** — oferece dois tipos de risco para quem confia:
    - o risco de que o outro não seja confiável (não tenha o comportamento esperado) — acreditar que uma babá vai cuidar bem do filho ou que a qualidade da carne comprada em um supermercado é observada pelo

estabelecimento oferece risco caso o prestador de serviço não seja confiável, ou seja, quem confia pode pagar e não receber exatamente os benefícios esperados;
- o risco de que o outro seja indiscreto, segundo o qual quem confia assume que o outro não compartilhará informações importantes — um fornecedor-chave pode, por exemplo, compartilhar informações com terceiros (concorrente, outro fornecedor, cliente), como atributos ou especificações de um produto, que podem colocar em risco a sua vantagem em relação à concorrência. Apesar de distintos quanto a sua forma e conseqüências, os dois tipos de riscos acabam gerando certa dependência no relacionamento, que Sheppard chamou de superficial.

- **Interdependência superficial** — comparada à dependência superficial, ela oferece os mesmos riscos abordados anteriormente para as duas partes envolvidas, e as expõem ainda a um terceiro risco, o de coordenação, que, se ineficiente, pode resultar em um produto pobre ou no seu atraso para ser consumido, situações delicadas quando observada a realidade competitiva atual;
- **Dependência profunda** — ocorre quando uma das partes detém o controle da informação ou do conhecimento, proporcionando uma desvantagem ao outro. Nesse caso, quem detém a vantagem pode definir a sorte do outro, situação chamada pelos autores de "destino controlado", comum aos relacionamentos que envolvem autoridade, como as relações de patrão e empregado, nas quais salários, benefícios e promoções podem depender exclusivamente dos interesses e decisões do patrão, fato que pode propiciar abuso por parte de quem controla a situação. O mesmo fato pode ocorrer nas relações familiares, em que a auto-estima dos filhos é diretamente atingida pela influência dos pais, ou em uma cadeia de suprimentos, na qual o participante dominante — montadoras, no caso do setor automobilístico — pode enganar, negligenciar ou até fraudar os interesses daqueles fornecedores que dependem da indústria para sobreviver. A ocorrência de negligência ou abuso por parte de quem domina o relacionamento pode influenciar negativamente a auto-estima da parte subordinada;

Ambiente de Confiança e Predisposição ao Risco

- **Interdependência profunda** — o risco central nesta forma de relacionamento é o de inação ou de reação tardia por falta de informação ou por seu atraso. Por isso, a comunicação é fundamental e, muitas vezes, em razão da distância, complexidade e agilidade exigidas, pode ficar prejudicada. Nesse caso, há diversos riscos associados à intempestividade da informação, que prejudicam os passos e as decisões inerentes a um projeto, por exemplo e podem causar severos prejuízos — provenientes da necessidade de se refazer o trabalho, da perda de tempo e da deficiência dos resultados esperados — relacionados à competitividade dos envolvidos.

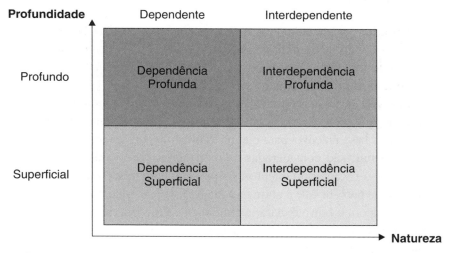

Figura 6.1 ::: Relações de confiança — tipologia de Sheppard (1998).

Traçando uma comparação entre os modelos de Fiske e Sheppard, é possível perceber uma relação entre o tipo mercadológico de Fiske e o de dependência superficial, proposto por Sheppard; o autoritário e o de dependência profunda; o equivalente e o de interdependência superficial; o colaborativo e o de interdependência profunda.

Doney, Cannon e Mullen (1998) desenvolveram um sistema que identifica e descreve cinco processos cognitivos de construção da confiança em relações globais e diversas, capazes de explicar como a confiança se desenvolve.

Inicialmente, os autores destacam a dificuldade encontrada no desenvolvimento do sistema, em razão da diversidade de definições e orientações das várias disciplinas que tratam da confiança. Pela revisão que realizaram na literatura sobre o tema, eles descobriram duas correntes principais que interpretam a confiança como (1) um conjunto de crenças ou expectativas e (2) disposição para agir de acordo com essas crenças.

Assim, os cinco processos de desenvolvimento da confiança, segundo Doney, Cannon e Mullen (1998), são:

- **calculado:** por meio do qual são considerados os custos e benefícios vinculados ao ato de confiar. Nesse caso, os envolvidos determinam objetivos de forma que os custos de comportamentos oportunistas excedam os benefícios do comportamento de confiança;
- **previsível:** as pessoas desenvolvem a crença de que o comportamento desejável pode ser previsto. A consistência dos comportamentos passados oferece uma base razoável para que os futuros possam ser previsíveis;
- **intencional:** são consideradas as motivações envolvidas. Interpretando as ações e os comportamentos, as pessoas podem ser influenciadas. Se uma parte percebe que a outra tem intenções benevolentes, na qual a preocupação com o outro é clara, a confiança é desenvolvida;
- **de capacitação:** está relacionada com a habilidade que as pessoas têm de cumprir com suas promessas;
- **de transferência:** fontes de evidências e provas de confiança fazem com que o indivíduo transfira sua confiança para outro indivíduo ou grupo com o qual possua pouca ou nenhuma experiência. Esse processo é facilitado por culturas constituídas pela crença nas pessoas e instituições.

Fazendo uma associação dos tipos de processos definidos no sistema de desenvolvimento da confiança de Doney, Cannon e Mullen com as formas de relacionamentos, no que dizem respeito aos níveis de confiança, propostas por Sheppard, e transferindo-os para a realidade organizacional, é possível sugerir uma relação entre os estudos de Doney, Cannon e Mullen e Sheppard, na qual

Ambiente de Confiança e Predisposição ao Risco

o desenvolvimento do processo de aprimoramento da confiança ocorre proporcionalmente ao aprofundamento dos relacionamentos e interdependências envolvidas nas relações sociais, isto é, no processo calculado ou previsível, a confiança inclui uma dependência superficial, pois as partes têm expectativas e custos *versus* benefícios predefinidos com base em comportamentos passados e em razão de seus objetivos, enquanto o processo de transferência da confiança pressupõe altos níveis de crenças e valores na confiança, já que há uma profunda interdependência entre as atitudes dos participantes, e, por conseqüência, riscos.

Para Sheppard, confiar significa aceitar os riscos associados a um relacionamento, considerando o tipo e a profundidade de interdependência envolvidos. Segundo o autor, sendo possível identificar a forma de relacionamento necessária ou característica à determinada situação, é também possível prever os riscos a ele associados.

Portanto, considerando que ao identificar o tipo de relacionamento é possível antever os riscos a ele associado, Sheppard afirma que a confiança pode ser entendida e gerenciada.

Se levarmos em conta que a confiança pode ser gerenciada e desenvolvida, podemos deduzir que, para se obter o sucesso em uma relação de dependência superficial, o ideal é encontrar um parceiro que possua discrição e confiabilidade reconhecidas, e oferecer a esse tipo de relacionamento o desenvolvimento da confiança mediante a utilização do processo calculado (que considera custo *versus* benefício) ou previsível (quando o comportamento pode ser previsto), respectivamente.

Já para a dependência profunda — na qual o importante são valores como honestidade, respeito e sinceridade, que fazem crer que o parceiro escolhido não abusará da sua condição para prejudicar ou negligenciar as expectativas de quem confia — o processo de desenvolvimento da confiança mais adequado seria o intencional (as intenções de quem detém o controle vão ao encontro de quem tem maior dependência na relação).

Por isso, muitas vezes, interessa aos filhos uma relação de dependência profunda com os pais, pois eles podem assumir riscos maiores, mesmo reconhecendo que os resultados serão negativos, por acreditarem que os pais sempre solucionarão o problema resultante de seu comportamento.

De acordo com o modelo proposto por Sheppard, quanto mais interdependente e profundo um relacionamento, maior será o risco associado a ele e, portanto, maior o nível de confiança exigido entre as partes. Em outras palavras, o incentivo ao aprofundamento da relação "serve como veículo para induzir a confiança, especialmente quando esta profundidade é recíproca", e este aprofundamento pode ser desenvolvido, complementa o autor.

Esses estudos demonstram que há relação entre o nível de confiança existente em relacionamentos e os riscos agregados a eles.

Assim, a indução da confiança pode ocorrer, inclusive, em organizações que não têm um ambiente reconhecidamente "confiável", mediante o estabelecimento de "contratos de confiança", nos quais são preestabelecidas condições transparentes para o relacionamento. Essa iniciativa pode, à medida que se aprimoram essas condições, favorecer o aprofundamento de um relacionamento inicialmente superficial.

Em complemento a essa visão, a criação de um ambiente de confiança é também um processo de aprendizagem para o qual se deve determinar formas consensuais para se administrar a competição e os interesses individuais em favor dos objetivos comuns. Esse processo é chamado de "confiança estudada".

Considerando a interdependência entre a empresa e o gestor, no contexto citado, a relação de confiança indicada e adotada para amparo deste trabalho — que inicialmente pretendeu analisar a associação entre a predisposição para os tipos de relações de confiança em que as pessoas preferem estar envolvidas e a sua predisposição para o risco — foi a de "interdependência profunda".

Por fim, é fundamental destacar que os relacionamentos mais interessantes envolvem, de um jeito ou de outro, múltiplas formas. Por exemplo, o casamento, em que marido e mulher, em momentos diferentes, estabelecem relações com os dois níveis de interdependência e profundidade apresentados, de acordo com as circunstâncias, os interesses e objetivos envolvidos.

Apesar da concepção do sistema proposto prever que o desenvolvimento da confiança tem processos exclusivos, na prática, esses processos podem estar relacionados, exemplificando que, em uma relação que envolve transações freqüentes, as partes podem procurar usar o processo previsível para estabelecer a confiança, mas, ao mesmo tempo, as interações freqüentes, inerentes a esse tipo de relação, podem influenciar a escolha pelo processo de capacitação, no qual os envolvidos se mostram capazes de cumprir suas promessas.

Essa afirmação demonstra que em qualquer relacionamento é esperado que os participantes utilizem mais de um processo para desenvolver a confiança, estabelecendo sua disposição para assumir riscos na relação.

Parece importante considerar, ainda, que alguns autores vêem com ceticismo a questão da confiança, alegando que não há sustentabilidade ou objetividade no conceito, ponto de vista contestado por Sheppard — que demonstrou, por meio de suas argumentações, que a maioria dos profissionais não age de forma irracional e, sim, por acreditar nas pessoas, relacionamentos e situações sociais — e por Doney, Cannon e Mullen, que mostraram que é possível sistematizar, mediante a utilização de processos, o desenvolvimento da confiança nas relações.

Se para Sheppard quanto maior for o nível de interdependência e profundidade de um relacionamento, maior será o risco agregado a essa relação e, conseqüentemente, maior será a confiança exigida, pode-se dizer que a confiança é, então, uma função da relação entre pessoas e entre pessoas e organizações, que supõe disponibilidade para conviver com a vulnerabilidade, consistindo, assim, na aceitação de riscos associados à profundidade e ao tipo de dependência existente no relacionamento.

A interdependência profunda, proposta por Sheppard, necessita de um alto nível de capital social, pois ambientes assim normalmente são desenvolvidos em contextos nos quais há forte interdependência mútua.

Essa interdependência aumenta a identificação social entre as pessoas, encorajando normas de cooperação e assunção de risco — maior disposição para assumir risco.

Considerando que os estudos realizados neste trabalho, até aqui, sugerem que:

- para sustentar sua competitividade, as empresas necessitam de inovação;
- este processo inovador é fruto do capital intelectual da organização em razão da singularidade de seus processos, que os torna raros, duráveis, difíceis de imitar e intransferíveis;

- o capital intelectual é resultante do desenvolvimento do capital social, fruto da troca de habilidades e conhecimentos entre os integrantes desse grupo social;
- a inovação tem como um indutor importante a agilidade;
- para ser ágil, a empresa precisa tomar decisões rapidamente — esse é um elemento crítico da vida organizacional — assumindo os riscos agregados a essas decisões, pois toda decisão envolve risco;
- em ambientes com altos níveis de confiança, as pessoas têm maior predisposição a assumir riscos;
- para tomar decisões rapidamente, os gestores devem confiar no apoio das empresas, independentemente dos riscos inerentes a essas decisões,
- pode-se deduzir que, para serem competitivas, as empresas precisam de agilidade na tomada de decisão e, como tomar decisão pressupõe assumir riscos, devem incentivar relações de confiança no contexto organizacional, visando o estímulo à predisposição para assumir riscos por parte de seus gestores e, conseqüentemente, de seus profissionais.

Em resumo, deduz-se que uma organização inserida em um mercado competitivo depende, para sustentar sua competitividade, de uma atitude favorável à tomada de decisões por parte de seus gestores. Isso é possível mediante o gerenciamento da confiança que, por sua vez, depende do aprofundamento das relações.

Uma das formas de incentivar a confiança, abordada neste estudo, é o desenvolvimento do capital social (essencial à existência do capital intelectual), possível com o estabelecimento de padrões éticos (alimentados segundo tradições, repetição e pelo exemplo) inseridos e compartilhados entre os indivíduos. Esses padrões (valores), quando reconhecidos, de acordo com o processo de transferência, podem desenvolver um alto nível de confiança entre indivíduos e organizações, incentivando a assunção de risco e, por conseqüência, desenvolvendo altos níveis de *performance* e de vantagem competitiva às organizações.

A confiança e seu gerenciamento surgem como um componente importante ao aprimoramento do processo de gerenciamento de risco, oferecendo mecanismos de gerenciamento não só aos processos de risco, mas aos comportamentos desejados de seus gestores diante dessa questão, incentivando, assim, o aprimoramento das relações entre os participantes da cadeia de suprimentos.

6.1 Limites da Confiança

A tipologia sugerida por Sheppard contribui para que as empresas percebam que a confiança está presente nos relacionamentos com seus *stakeholders*, e que a profundidade e nível de dependência, presentes nestas relações, podem propiciar formas mais eficientes de relacionamento, em resposta aos interesses existentes.

No entanto, Sheppard destaca que a maioria das relações humanas abrange os quatro tipos de relações de confiança indicados por ele, fazendo com que seus estudos favoreçam a identificação do tipo mais adequado de relação de confiança, sem imaginar que este será o único tipo presente no relacionamento em questão.

Assim como parece ser pouco provável e indicada a existência de uma única forma de relação de confiança em um determinado relacionamento, os estudos desse pesquisador sugerem que a confiança ilimitada também não parece ser possível.

A criação de uma relação de confiança sem limites é muito difícil, pois a maioria das pessoas, por causa de interesses diferentes, egoísmo ou individualismo, acabam, em algum momento, deparando-se com conflitos em seus relacionamentos. O paradoxo está em perceber que quanto menor for o volume de informações, maior será a necessidade de confiança interpessoal.

Um processo de comunicação eficiente — no qual as informações essenciais ao desenvolvimento do ambiente de confiança nas organizações podem estabelecer os limites da confiança — ao orientar as relações mediante os seus objetivos comunicados estabelece os níveis de confiança desejados.

Para que esta realidade de confiança ilimitada seja possível quatro condições devem ser atendidas: que as pessoas conheçam os motivos uns dos outros, que os conhecimentos sejam reciprocamente conhecidos, que não seja necessário um processo dispendioso para a obtenção do aprendizado e que os resultados das ações realizadas não sejam difíceis de determinar. Analisando os vários escritores pesquisados, foi possível observar que a única forma de relacionamento que pode conter as quatro condições é a amizade — pois, até no amor, a desconfiança é possível — e, se só por meio da amizade é possível obter um modelo de confiança ilimitada, a confiança interpessoal não pode representar um modelo para obtenção de relações de cooperação e confiança ilimitadas entre estranhos, realidade normalmente existente nas empresas.

Luhmann, quando define que a confiança "é uma solução para problemas específicos de risco" e considera que o risco indica que as decisões tomadas podem causar resultados inesperados, afirma que as decisões não podem evitar o risco.

O autor, ao distinguir "confiança ativa" *(trust)* e "confiança passiva" *(confidence)*, demonstra que há situações em que as expectativas de não ocorrência de risco posicionam a pessoa em situação passiva, por exemplo, quando espera que os políticos tentem evitar a guerra ou que o carro não quebre. Já na compra de um carro usado, por exemplo, é possível tomar uma série de precauções (revisões, seguros, fonte confiável), que pressupõe a ação do comprador para reduzir o risco de o veículo quebrar ou de se adquirir um carro roubado.

A distinção entre as duas modalidades, ainda segundo o autor, depende da sua habilidade para distinguir perigo de risco. O perigo pode existir independentemente da ação do indivíduo. O risco, por outro lado, aparece como componente de uma decisão (ação) tomada pelo indivíduo. Assim, a abordagem sobre confiança, referência deste trabalho, é a confiança chamada por Luhman de "ativa", pois pressupõe uma decisão de agir do indivíduo, no que se refere a ele aceitar ou não tomar decisões em situações de risco, porém, o autor reconhece que, se não existisse a confiança "passiva" — o que significaria a perda de confiança nos sistemas sociais —, fatalmente se criaria um forte estímulo para que os indivíduos não assumissem riscos em suas ações, demonstrando assim a importância da confiança como um pré-requisito para a existência dos sistemas sociais (econômico, político, legal etc.), pois, sem ela, não seria possível conviver com atividades que envolvem diversas situações de incerteza ou risco.

Nesse contexto, é interessante destacar que Gambetta reforça a importância da confiança "passiva" e oferece uma visão diferente dessa questão ao analisar as relações entre os membros da máfia italiana. Ele demonstra como é possível manter uma instituição centenária, explorando e reforçando, paradoxalmente, a desconfiança.

Ambiente de Confiança e Predisposição ao Risco

Em um ambiente em que reconhecidamente não há confiança no Estado, a desconfiança se alastra entre a sociedade, pois a falta de sanções traz incerteza aos acordos, estagnação ao comércio e à indústria, propiciando resistência à disposição para formas extensivas de cooperação. Esse contexto, apresentado pelo autor ao se referir à Sicília, demonstra quanto um ambiente, no qual a desconfiança se apresenta como regra nas relações sociais, pode oferecer oportunidades para alianças criminosas bem-sucedidas, criando o que chamou de "indústria da violência".

Um contexto social, cujos valores estão enfraquecidos, pode gerar uma sociedade na qual os indivíduos, por "medo de não ser" e receosos do comportamento alheio, reduzam sua aversão às instituições criminosas e aceitem o seu apoio, induzindo assim o fortalecimento irracional da violência, motivado pelo ambiente de desconfiança.

O Brasil tem vivido, neste momento, especialmente nas cidades do Rio de Janeiro e São Paulo, uma situação parecida com a narrada por Gambetta, na qual os mafiosos são representados pelos traficantes cariocas e paulistas. A população, fragilizada e amedrontada, especialmente as de poder aquisitivo mais baixo, passam a aceitar o poder paralelo do crime, reforçando e fortalecendo esses grupos mediante sua complacência.

A sociedade, representada por seus indivíduos, acuada, passa a cooperar com essas instituições por medo de eventuais sanções, interesses — como a oferta de benefícios não atendidos pelo Estado, por exemplo, saúde e emprego — e a obtenção de valores e ganhos individuais por meio de relacionamentos de amizade que ofereçam vantagens mútuas.

Foi assim que se fortaleceu a máfia siciliana, ou seja, em função da reputação, baseada em um provável comportamento violento, foi sedimentado um código de honra ou de silêncio entre seus membros.

O risco de violência diminui em um meio no qual existe a desconfiança de que essa violência pode ser usada a qualquer momento, e isso gera um ambiente de confiança, estimulado pela fé e pelo medo, e favorece, por conseqüência, a criação de comportamentos cooperativos.

É importante, aqui, uma reflexão, pois o mesmo ambiente democrático, necessário ao desenvolvimento da confiança, pode oferecer oportunidade para o crescimento de grupos criminosos, já que, com a capacidade de mobilização de votos que o uso de recursos espúrios oferecem, resultado das ações criminosas desses *clusters*, é possível o seu fortalecimento.

Tal abordagem — ao demonstrar que a existência de desconfiança pode levar a comportamentos colaborativos, ampliando, paradoxalmente, a confiança entre seus membros — sugere que a confiança ilimitada, ao contrário do que se pode imaginar, nem sempre representa o mundo ideal para os relacionamentos. Ela nos faz compreender como é importante a confiança para que as relações sociais se desenvolvam de forma responsável, em especial nas instituições públicas, nas quais a geração de benefícios deve extrapolar os interesses específicos, estendendo-se aos interesses de toda a sociedade.

É necessária a existência de uma sociedade "consciente de ser ", que some à suas expectativas de resultados o bem-estar de seus membros, favorecendo bancos, por exemplo, que investem seus recursos em projetos socialmente responsáveis, em detrimento de outros com objetivos escusos (que acarretem prejuízos ecológicos ou degradação social, como o tráfico de drogas), independentemente, do retorno financeiro que eles possam oferecer. Esse ambiente deve ser capaz de reduzir o volume de regras (burocracia), fruto do alto nível de confiança desenvolvido.

Já um ambiente com baixos níveis de confiança — constantemente permeado por baixos níveis de consciência — estimula a criação dè regras na tentativa de reduzir a percepção do risco.

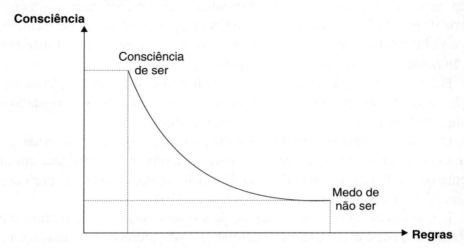

Figura 6.2   :::   Relação entre o nível de consciência e as regras.

É fundamental que se perceba os efeitos devastadores da desconfiança para o mundo dos negócios, pois — ao contrário da velocidade e redução de custos que a confiança pode oferecer aos processos, fruto da redução de medidas cautelares — ela exige controles excessivos, custos adicionais e perda de competitividade, podendo até significar o colapso de determinados mercados.

Em um mundo em que impera a desconfiança, os riscos são multiplicados, já que, se todas as pessoas pagam pela proteção de poucos, a sociedade fica à mercê da decisão desses grupos que detém o poder, quer seja pelas regras consideradas por eles justas para as trocas, quer seja por escolherem este ou aquele membro, ou entidade.

Se por um lado o excesso de confiança pode representar perigo quando negligenciada, acarretando possíveis e incertos resultados, por outro, a sua falta ou o excesso de desconfiança pode significar a inviabilidade do principal objetivo de uma sociedade que é o bem-estar de seus membros, pois a falta de confiança, com o concomitante aumento da desconfiança, enfraquece as instituições governamentais — assim como as "cabeças pensantes" que tomam as decisões nas organizações são responsáveis pela harmonia de seu ambiente, aumentando o foco nos objetivos coletivos em detrimento dos interesses individuais — e favorece um ambiente de empobrecimento da sociedade, efeito da fragilização de seus principais valores, entre os quais, indiscutivelmente, encontra-se a confiança, fundamental para o estabelecimento de comportamentos colaborativos e de um quadro social de desenvolvimento.

Portanto, pode-se deduzir que a confiança é importante para o desenvolvimento de uma sociedade, começando pelo relacionamento entre seus indivíduos, passando pelo relacionamento deles com as organizações a que estão vinculados e chegando, por fim, até as relações estabelecidas entre essas organizações. Ela pode propiciar a criação de um ambiente democrático, no qual os valores, como respeito e honestidade, e a consciência das responsabilidades e direitos são priorizados, exigidos e exercitados por seus membros.

Só então a confiança pode ser considerada positiva, já que, quando vinculada a ambientes decadentes, estruturados sob as mais perversas regras sociais (preconceito, violência, discriminação), não pode e não deve ser admitida.

Toda essa reflexão nos faz crer que o fortalecimento de valores essenciais ao desenvolvimento de relacionamentos salutares — a exemplo dos diversos sugeridos pelo presente estudo, especialmente dentro das organizações — pode favorecer o fortalecimento da confiança entre seus membros e, conseqüentemente, da competitividade dessas empresas, resultado da redução de custos e do aumento da produtividade, estimulados pela redução dos controles organizacionais ineficientes e excessivos.

Assim, é plausível sugerir que a informação de qualidade, disponibilizada aos diversos participantes de um grupo social, pode favorecer o desenvolvimento da confiança, demonstrando ser possível gerenciá-la.

Se a confiança ilimitada, resultado do comportamento passivo dos indivíduos envolvidos na relação, pode estimular o risco — em razão do perigo que ela representa, já que a redução do risco depende da indispensável atitude, da ação das pessoas —, deduz-se que, para que ela seja salutar nas relações, envolvendo organizações e profissionais, precisa de limites.

A ação dos indivíduos é fundamental para a sobrevivência das organizações, desde que ela seja monitorada por processos eficientes, que estimulem comportamentos colaborativos, como os processos de *compliance*, que são sistemas de controles que incrementam a qualidade dos processos, amparados, principalmente, pela orientação de seus membros. Ela pode favorecer o desenvolvimento de um ambiente de confiança saudável, importante para a criação e manutenção de valores fundamentais no processo de desenvolvimento social, no qual a sociedade, representada pelos seus membros, adota uma postura ativa de transformação e aprimoramento por meio da conscientização dos indivíduos que a compõe e, conseqüentemente, da mudança de suas crenças, atitudes e comportamentos, mais favoráveis aos objetivos coletivos em detrimento de interesses individuais, estimulando a criação de uma sociedade "consciente de ser".

Se, por meio dos diversos autores estudados, pudemos, a princípio, deduzir que — como as relações de confiança são essenciais ao desenvolvimento e competitividade de uma organização — quanto maior for a confiança, melhor, ao considerarmos os riscos apresentados, os quais reconhecem que a confiança dificilmente é ilimitada, e sugerir a necessidade de limites para se confiar, a cooperação aparece como uma nova possibilidade de gerenciamento das relações envolvendo indivíduos e organizações.

Em razão desta constatação, verificou-se a necessidade de uma abordagem sobre cooperação, e, para isso, foi utilizado um clássico da literatura sobre o tema: o "Dilema do Prisioneiro".

Capítulo 7

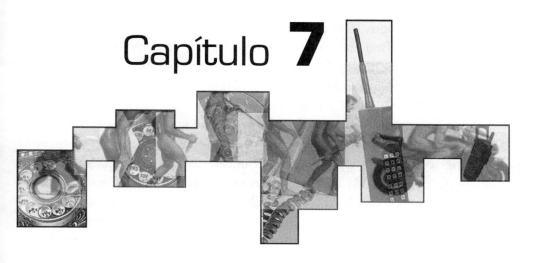

Cooperação — Uma Alternativa para a Gestão da Confiança em Ambientes de Risco

É notória a tendência cada vez maior de implementação do trabalho em equipe nas organizações.

Essa realidade não só parece sugerir a necessidade da existência de confiança como também de cooperação entre as pessoas que trabalham juntas, para que se conquiste os resultados esperados pelas equipes.

Porém, conforme destacado anteriormente, vive-se uma realidade competitiva, motivada, principalmente, pela globalização dos mercados.

Isso denota um conflito: se uma realidade competitiva exige inovação, capacidade de criar e sustentar vantagens competitivas — portanto, acirra a competição entre profissionais e empresas —, por que as pessoas cooperariam?

Robert Axelrold, cientista político, no final da década de 1970, trouxe uma visão interessante sobre a cooperação, mediante uma abordagem que considerou a teoria dos jogos. Ela é baseada na tese de doutorado defendida pelo matemático John Nash, em 1950, que ficou conhecida como o "Equilíbrio de Nash"— essa teoria lhe renderia, 45 anos mais tarde (1995), o Prêmio Nobel de Economia. Em sua abordagem, Axelroad utilizou um jogo que ficou conhecido como o "Dilema do Prisioneiro".

Diante dos conflitos observados no referencial teórico apresentado — exigência de confiança para competir, estimulando a predisposição para assumir riscos, mas com limites que evitem a assunção de riscos desnecessários — a visão de Axelroad (1984) mostrou-se necessária para avaliar como a questão da cooperação pode colaborar com as relações de confiança nas organizações e, por conseqüência, estimular comportamentos colaborativos, necessários à assunção de riscos dentro de limites mínimos, essenciais à sobrevivência das empresas, face à realidade competitiva atual.

7.1 Competitividade e Cooperação

Os mercados mundiais, inseridos no contexto de competição global, enfrentam as mais diferentes formas de competição entre seus diversos participantes.

Os clientes estão cada vez mais exigentes, como efeito da competitividade entre as diversas empresas e, por conseqüência, das opções oferecidas aos seus consumidores.

O desafio está na demanda por inovações capazes de atingir a percepção dos consumidores e sensibilizá-los para que escolham uma instituição em detrimento das demais. A estratégia de buscar a diferenciação destaca o trabalho em equipe como um dos principais focos dos modernos processos de gestão.

Está implícita na idéia de trabalho em equipe a existência de relações cooperativas.

Procurando analisar como se pode incentivar comportamentos colaborativos nas organizações, representadas pelas diversas equipes que delas participam, recorreu-se à Teoria da Cooperação, desenvolvida por Axelrod (1984).

Cooperação — Uma Alternativa para a Gestão da Confiança em Ambientes de Risco

7.1.1   A Teoria da Cooperação

Axelroad procurou analisar como seria possível que as pessoas se engajassem em um processo cooperativo, sem que fossem forçadas.

O autor ressalta que os interesses individuais precisam ser considerados para que o comportamento colaborativo possa ser conquistado com o objetivo de buscar um objetivo que traga consigo benefícios para todas as partes envolvidas.

Para entender as nuances que envolvem essa situação e facilitar a compreensão de sua abordagem, o autor escolheu a apresentação de uma metáfora: o "Dilema do Prisioneiro".

O contexto do jogo envolve uma estória, na qual dois cúmplices de um mesmo crime são interrogados separadamente; eles são representados por dois jogadores que têm, basicamente, duas opções: negar ou confessar o crime.

O problema reside na falta de informação, pois cada um dos prisioneiros, ou jogadores, precisa tomar decisões, sem saber qual as decisões, passos ou jogadas serão tomadas pelo outro.

O dilema aparece, pois, se um dos prisioneiros confessar e colaborar com as investigações, terá sua pena reduzida, portanto, receberá o maior benefício possível. Porém, se os dois confessarem o crime, acabarão em pior situação do que se tivessem cooperado um com o outro, não confessando ou negando o crime.

Entretanto, como há o risco de um dos dois confessar e, por ter sido o único a negar, não se beneficiar com uma pena mais leve, a tendência é a de que ambos acabem confessando, ampliando as próprias penas, em detrimento de um possível processo cooperativo entre eles.

Segundo Axelrod, a solução reside na possibilidade de que os jogadores possam se encontrar, pois, ao se conhecerem melhor — desde que tenham a expectativa de que novos encontros aconteçam e, portanto, tenham mais informações um do outro — tenderão a ter um comportamento mais colaborativo.

Contudo, se os jogadores se encontrarem apenas algumas vezes, inclinar-se-ão a não cooperar, com receio de que um possa ser traído pelo outro.

Isso justifica o porquê de os jogadores se encontrarem repetidas vezes no jogo do "Dilema do Prisioneiro".

Objetivando analisar o desempenho das várias estratégias possíveis e considerando apenas as situações nas quais os interesses dos jogadores não sejam absolutamente opostos, Axelrod criou um torneio com características similares às de um torneio de xadrez, chamado de "Dilema do Prisioneiro Iterado", que utiliza o computador.

Foi solicitado a alguns especialistas em Teoria dos Jogos, convidados pelo autor a participar do torneio, que enviassem seus programas.

Pessoas de diversas áreas — como matemática, psicologia, economia, entre outras — também foram convidadas.

Para surpresa de Axelroad, o programa vencedor foi o mais simples de todos os enviados.

Com base na estratégia proposta por esse programa — na qual, a princípio, o jogador coopera e, a partir daí, repete os passos do oponente — Axelrod desenvolveu sua Teoria da Cooperação.

A teoria apresentada é aplicável, segundo o que se pode constatar, em situações em que não há um profundo conflito de interesses e os jogadores, ou profissionais, podem, mediante cooperação, beneficiar-se mutuamente. Essas situações normalmente são denominadas de jogo de soma não-zero, o que equivale dizer que o fato de um dos jogadores vencer não significa que o outro tenha perdido.

Essa analogia pode ser válida para algumas situações, como:

- os custos *versus* os benefícios dos jogadores não são, necessariamente, comparáveis;
- pode haver prioridades definidas para cada um dos jogadores, em relação a cada alternativa para a ação que pretendem adotar;
- quando a priorização determina um termo de comparação para as alternativas de cada jogador, sem que isso represente um valor absoluto;
- não se precise, ou não se deseje, que a cooperação seja estendida a outros indivíduos ou grupos;
- quando os jogadores não necessitem da racionalidade, situações nas quais as estratégias reflitam tão somente um padrão nos comportamentos apresentados, quer seja por hábito, instinto ou uma simples imitação, o que significa que as opções dos jogadores possam não ser, necessariamente, ações conscientes.

Cabe ressaltar aqui que, no *Supply Chain* (Gestão da Cadeia de Suprimentos), pode-se pensar em colaboração, dentro da dinâmica apresentada pela teoria de Axelroad, como um importante indutor de confiança e, portanto, um facilitador na promoção da integração dos diversos participantes da cadeia.

Considerando que a Teoria da Cooperação desenvolvida pelo autor foi baseada na estratégia vencedora do torneio, por ter somado mais pontos após um certo número de jogadas, parece importante destacar que as suas características essenciais foram bondade, reciprocidade, perdão e clareza.

Bondade representada pela cooperação demonstrada inicialmente pelo jogador, que evita o conflito inicial.

A reciprocidade reside na ação de repetir a jogada anterior do oponente, incentivando-o, pela possibilidade de retaliação oferecida, a não adotar um comportamento de oposição ao outro jogador. A punição ou retaliação, neste caso, favorece o restabelecimento do equilíbrio para a relação, mas o autor lembra que é fundamental que a retaliação seja imediata, evitando que o oponente entenda a reação intempestiva como provocação, comprometendo assim o processo de cooperação.

A capacidade de perdoar é representada pela retribuição oferecida, ainda que a jogada anterior possa ter propiciado alguma forma de oposição, fato que resgata e estimula o processo cooperativo.

Por fim, a clareza aparece quando o oponente percebe a estratégia do outro jogador, fato que incentiva o apoio do oponente que, ao compreender a atitude do jogador, não retalia.

É importante reiterar que, se não houver a possibilidade de que a interação se repita seguidamente, será muito difícil que a cooperação entre os jogadores aconteça, demonstrando que o oponente prefere proteger-se contra uma eventual não-cooperação a se arriscar por uma recompensa, em caso de cooperação muito arriscada ou incerta.

A teoria proposta por Axelrod propõe que a expectativa de manutenção da relação entre os jogadores, ou profissionais, incentiva a cooperação, pois os dois podem cultivar a esperança de que tal cooperação possa lhes trazer a conquista de benefícios, que atenderiam aos seus próprios interesses.

Essa teoria parece ir ao encontro do conceito de capital social de uma organização, representado pelos indivíduos que a compõe, já que eles podem ser incentivados a desenvolver relações de confiança, mediante o estímulo à realização de encontros entre os profissionais em treinamentos ou eventos sociais, que proporcionem a expectativa de conquista de benefícios mútuos, como a troca de experiências e conhecimentos.

É interessante lembrar que Fukuyama afirma que o capital social encoraja comportamentos colaborativos, facilitando a inovação nas organizações, fundamental à sustentação da competitividade no contexto globalizado atual.

Assim, pode-se deduzir que:

- a ação cooperativa envolve confiança em algum nível;
- o desenvolvimento do capital social encoraja comportamentos de cooperação, portanto, de desenvolvimento de confiança;
- a cooperação facilita a inovação, então, favorece a competitividade das empresas.

Se Sheppard, ao discorrer sobre dependência e profundidade nas relações de confiança, sugere que as relações mais profundas demandam tempo, Axelrod propõe que o processo colaborativo tem maiores chances de sucesso quando a importância do futuro das relações é percebida no presente, percepção que pode ser conquistada, segundo Axelrod, com interações mais duradouras ou mais freqüentes.

Assim, satisfeita a necessidade de ocorrência freqüente das interações entre os indivíduos (jogadores, profissionais etc.), Axelrod indica algumas ações que a empresa (ou uma cadeia) pode adotar para favorecer o processo colaborativo:

- alterar a recompensa/custo esperado pela ação, fato que pode fazer com que o dilema deixe de existir;
- trabalhar segundo um código de ética, por exemplo, valores — como altruísmo, respeito, honestidade — que são fundamentais para estimularem as pessoas a se importarem umas com as outras;

- procurar incentivar a assimilação de conceitos como reciprocidade, no qual os benefícios mútuos sejam pré-requisito das ações e, quando ocorrer a exploração de um dos lados, ou seja, desequilíbrios, dar exemplos, como punições, mas priorizando as brandas, para não incentivar o sentimento de vingança ou retaliações sem-fim, que possam liquidar com qualquer possibilidade de cooperação;
- cultivar a reciprocidade, estimulando o reconhecimento pelas ações de cooperação realizadas.

Ao contrário do que ocorre muitas vezes no dia-a-dia das organizações, a Teoria da Cooperação de Axelrod procura promover o "ganha-ganha", ou atendimento de interesses mútuos, evitando a exploração das fraquezas alheias, fato que acontece com freqüência na realidade empresarial.

Esta teoria está em sintonia com as diversas discussões atuais que envolvem as organizações, entre as quais pode-se destacar, novamente, a questão da integração da cadeia de suprimentos, conceito que procura conscientizar as empresas que compõem uma cadeia de que as concessões proporcionais à capacidade econômico-financeira de todos os seus integrantes pode ampliar a confiança mútua e, por conseqüência, a cooperação entre seus membros, que, uma vez convencidos, podem buscar em conjunto sinergias operacionais e soluções ainda não imaginadas, resultado do nível de comprometimento conquistado.

Essa realidade apóia a visão de Axerold ao mostrar que a cooperação baseada na reciprocidade, pode representar grande diferencial competitivo, exatamente em meio a um ambiente tão competitivo, incentivando indivíduos, profissionais ou empresas que estejam dispostos a retribuir uma ação de cooperação para que se relacionem.

As empresas que precisam inovar e incentivar o processo de integração entre os seus colaboradores — visando a cooperação e, conseqüentemente, o estabelecimento de um processo de geração de valor, mediante os relacionamentos de troca estabelecidos — podem beneficiar-se com esta teoria.

De acordo com os estudos de Axelrod, esse processo pode ser iniciado nas organizações por meio da socialização de seus colaboradores, fator importante para a cooperação.

Capítulo 8

Pesquisa

Visando avaliar se as relações de confiança dos gestores entrevistados e sua disposição para correr risco possuíam uma relação direta, isto é, se quanto maior a confiança em uma relação, maior a disposição de seus participantes a assumir riscos, foi realizada uma pesquisa quantitativa e qualitativa nas áreas comerciais dos principais bancos brasileiros.

De 361 questionários encaminhados, 93 foram respondidos.

Essas respostas foram enviadas por profissionais pertencentes às 15 maiores instituições financeiras, entre as 161 existentes no Brasil.

Cabe aqui um importante esclarecimento: a amostra, diante dos pontos elencados anteriormente, não é probabilística; o critério usado para a sua seleção foi o de acessibilidade — por meio de contatos diretos com pessoas anteriormente conhecidas pelo pesquisador — e de conveniência, identificando profissionais que estivessem aptos a responder os questionários.

8.1 Sujeitos da Amostra

Gestores que estivessem ocupando cargos gerenciais em áreas comerciais de atendimento a grandes empresas, que em razão do seu nível de qualificação, experiência e especialização no atendimento são capazes de otimizar as oportunidades oferecidas por esses clientes, minimizando, para os bancos, os riscos envolvidos nos processos, especialmente de crédito.

E também gestores que estivessem ocupando cargos gerenciais em área de varejo das diversas instituições financeiras presentes no mercado financeiro brasileiro.

Além deles, executivos da área comercial dos bancos que representassem os objetivos e valores definidos como prioritários para essas organizações.

Cabe ressaltar que a oportunidade de entrevistar os executivos revelou-se muito rica, não só pela profundidade das entrevistas e respectivas informações oferecidas, mas, especialmente, pelo seu papel estratégico em cada uma das instituições que eles representaram, na data das entrevistas — um deles respondia pela presidência de um banco de atacado e os outros quatro figuravam como diretores das respectivas áreas comerciais/*corporate* de seus bancos.

8.2 Coleta dos Dados

Para a coleta de dados nas instituições financeiras, identificadas para compor a amostra deste trabalho, foram realizadas duas ações distintas.

8.2.1 Coleta de Dados Quantitativos

Uma das restrições encontradas para o limitado número de respostas foi resultado da estratégia definida pelo pesquisador de contatar diretamente os profissionais das instituições-alvo.

Essa estratégia visou restringir a influência — e, conseqüentemente, a "contaminação" — que os respondentes poderiam sofrer, comprometendo a veracidade das respostas encaminhadas, caso fossem abordados por superiores hierárquicos solicitando o preenchimento dos questionários. Com o objetivo de identificar se havia predisposição dos gestores dessas instituições para os tipos de relações de confiança em que preferissem estar envolvidos e se eles estavam predispostos a assumir riscos, foram feitos contatos telefônicos com alguns profissionais conhecidos pelo pesquisador nas instituições-alvo da amostra, solicitando o seu apoio no sentido de responder aos questionários e para interceder junto aos seus colegas de trabalho para que eles também respondessem às perguntas.

Depois de contatados, os questionários foram enviados por e-mail, e seu recebimento, confirmado por telefone.

A cada dez dias, eram realizados contatos com esses profissionais, reiterando a importância de responderem o maior número possível de perguntas e solicitando sua colaboração nesse sentido.

A cada resposta enviada ao pesquisador, eram reenviadas solicitações por e-mail para que os respondentes colaborassem, repassando o questionário aos colegas de trabalho.

Alguns questionários foram entregues diretamente para os profissionais conhecidos pelo pesquisador.

Assim, o estudo das relações envolvendo os gestores e as instituições, escolhidos para compor a amostra deste trabalho, pôde trazer à tona a predisposição dos gestores para as relações de confiança, nas quais preferiam estar envolvidos, e sua predisposição para o risco.

Capítulo 9

Resultados da Pesquisa de Campo

As características demográficas observadas dos 93 respondentes foram as seguintes:

- todos os respondentes eram da área financeira;
- 55,9% trabalhavam em bancos oficiais, enquanto 44,1% exerciam suas funções em instituições privadas;
- 93,7% haviam cursado pós-graduação, dos quais, 28% em economia e 23,7% em administração;
- 32,3% tinham entre 20 e 30 anos; 28%, entre 31 e 35 anos; 18,3%, entre 36 e 40 anos e 21,4% estavam com mais de 41 anos na época em que foram respondidos os questionários;
- 72% dos respondentes eram do sexo masculino e apenas 28%, do feminino;

- 58,1% dos respondentes se identificaram como casados; 32,3%, como solteiros e 9,6% declararam-se separados ou divorciados;
- quanto ao nível hierárquico, 4,2% assinalaram a posição de diretor; 9%, de superintendente; 46,2%, de gerente corporativo; e 42,6% encontravam-se em cargos de gerência em outras áreas, dos quais, 44,7% (ou 18,3% da amostra total) afirmaram não ter subordinados diretamente sob sua responsabilidade.

As características demográficas permitiram atestar que a amostra evidencia forte predominância de profissionais com alto nível de escolaridade, jovens, na maioria, do sexo masculino, casados, em posições de destaque nas instituições em que trabalham, oriundos principalmente das respectivas áreas *corporates* de suas empresas.

Em razão da complexidade dos tratamentos estatísticos realizados para os questionários recebidos (pesquisa quantitativa) e das entrevistas aplicadas (pesquisa qualitativa), optou-se por destacar apenas os principais resultados encontrados, já que o objetivo desta obra é o de amadurecer a consciência sobre a importância do aprofundamento das relações de confiança entre os integrantes de uma cadeia de suprimento, como forma de desenvolver e ampliar a competitividade dessa cadeia no mercado.

Assim, os resultados obtidos pela pesquisa visaram, neste caso, apenas apoiar parte de todo o referencial teórico até aqui abordado, indicando algumas reflexões.

Curiosamente, os resultados auferidos, ao contrário do que se poderia supor inicialmente, sugeriu que os gestores da amostra não esperam, e talvez sequer queiram, que a empresa lhes ofereça autonomia para agir, acreditando neles, pois isto justificaria maiores cobranças em contrapartida às concessões realizadas, fato que pode justificar a menor esperança de verem suas expectativas atendidas.

Esses resultados chamam a atenção para a importância da cultura organizacional desenvolvida ao longo do tempo em uma organização, considerada aí a realidade intra e interorganizacional, quando indica que o interesse dos seus profissionais em assumir maiores riscos, ao tomarem decisões, está diretamente relacionado com a cultura existente, conforme destacado anteriormente, que trata do ambiente de confiança e da predisposição para assumir riscos pelos gestores de uma organização.

Assim, uma empresa que reconhece a importância da competência de decisão (capacidade desenvolvida por profissionais de trabalhar as informações disponíveis e tomar decisões, essenciais para dar agilidade à organização) — preparando, por exemplo, seus profissionais para a tomada de decisão, promovendo aqueles com desempenho comprovado e utilizando o erro como importante insumo para o aprendizado — procura incentivar a cultura de predisposição à assunção de risco, já que, conforme foi amplamente discutido, toda escolha implica incertezas a ela relacionadas.

Por outro lado, uma empresa que pune os erros cometidos em determinadas decisões e não reconhece a competência de decidir como fator essencial para o crescimento dentro da organização estimulará, provavelmente, um comportamento passivo nesses profissionais, fato que indicou, inicialmente, por que a amostra de profissionais da pesquisa apresentou certo desinteresse em conquistar autonomia, ainda que isso significasse não contar com a total confiança da empresa.

Toda esta análise fez crer que os profissionais que constituíram a amostra preferiam permanecer envolvidos em relações de dependência profunda, ou seja, submeter-se passivamente às determinações da organização, decidindo apenas quando ela indicasse essa necessidade.

Capítulo 10

Das Conclusões

Como destaca Sheppard, os relacionamentos podem envolver mais de um tipo de relação de confiança, e os mais interessantes apresentam, de um jeito ou de outro, múltiplas formas.

Os resultados da pesquisa indicaram que os gestores que participaram da amostra não se mostraram predispostos a assumir riscos, especialmente os pessoais.

A resposta para a indagação: "Há uma associação entre a predisposição para os tipos de relações de confiança em que os gestores preferem estar envolvidos e a sua predisposição para o risco?" é, a princípio, baseada nos resultados da pesquisa quantitativa, negativa.

Como negativa? Afinal, há uma associação ou não?

Apesar da análise quantitativa da pesquisa não ter conseguido identificar uma associação entre as relações de confiança e a predisposição dos gestores para assumir riscos, não se pode ignorar a possibilidade de associação indicada pelos resultados, especialmente diante do diferencial competitivo que essa associação pode oferecer à organização e/ou cadeia de suprimentos a qual pertence, lembrando que:

- a tomada de decisão é um fator crítico para a sobrevivência das organizações;
- o nível atual de competitividade exige decisões ágeis por parte das empresas, que, pela incerteza que oferecem em relação a seus resultados, dependem da predisposição dos gestores para assumir riscos;
- decidir significa correr riscos;
- em ambientes com altos níveis de confiança, as pessoas têm maior predisposição a assumir riscos.

Ora, se para competir as empresas precisam de agilidade, a agilidade depende de decisões, as decisões exigem favorabilidade dos gestores para o risco e essa favorabilidade pode ser influenciada pelo tipo de relação de confiança desenvolvida, por que a correlação identificada é fraca?

Talvez as empresas da amostra não precisassem de agilidade, portanto, teriam mais tempo para decidir, podendo, então, definir um limite de risco que estariam dispostas a correr, fato que não exigiria o seu incentivo a uma cultura de maior predisposição dos gestores para correr riscos.

No entanto, em um cenário globalizado, de acirrada competição, que tipo de empresa poderia se dar ao luxo de restringir sua ação, estabelecendo limites para os riscos?

A análise dos dados qualitativos trouxe luz a esses questionamentos.

Inicialmente, os executivos entrevistados, que representaram suas instituições na época do estudo, afirmaram que a maneira pela qual as empresas podem expressar respeito, honestidade e confiança está diretamente relacionada ao seu reconhecimento em relação a eles, remunerando-os de acordo com sua *performance* e oferecendo-lhes planos de carreira claros. Porém, as empresas entendem também que, para que possam ter direito à sua confiança, os gestores precisam aderir às normas, respeitar os processos hierárquicos, as alçadas, e só assim, então, estarão protegidos, seguros, e serão merecedores da sua confiança.

Então, para essas empresas, serão confiáveis e merecedores de sua confiança os profissionais que respeitarem as suas determinações, aceitando a autonomia concedida até o limite estipulado, nas condições estabelecidas.

Este alinhamento dos resultados da análise quantitativa e qualitativa sugeriu uma caracterização das empresas que incentivam uma cultura de comportamento dependente de seus gestores, inclusive de não incentivo ao risco.

Neste ponto, foi interessante também a constatação de que os respondentes da amostra, ao se compararem a seus pares em suas organizações, imaginam-se mais predispostos a assumir riscos do que realmente estão, como demonstraram os resultados do estudo desenvolvido, que indicaram uma baixa predisposição à assunção de riscos para a amostra, contradição que reforça os resultados encontrados por MacCrimmon.

Assim, essa baixa predisposição para assumir riscos, apresentada pela amostra, permitiu entendermos por que a preferência pelos tipos de relações de confiança de dependência profunda, indicada em vários momentos da análise, está provavelmente associada a uma menor disposição dos respondentes para correr riscos.

Esse fato reforça a possibilidade de existência de associação entre confiança e risco, pois, apesar de terem apresentado um comportamento passivo por acreditarem que podem confiar na empresa, esperando que ela atenda a algumas de suas expectativas pessoais, esses profissionais parecem se dispor a assumir maiores responsabilidades e a decidir, já que solicitam maior autonomia para agir.

Essa reflexão propõe que a relação de interdependência profunda pode ser um caminho para estimular a assunção de risco por parte dos gestores, indo ao encontro do que propõe Sheppard. Foi essa reflexão que justificou a indicação para que seja realizado um novo estudo, com o objetivo de aprofundar os resultados encontrados, mediante a coleta de um número maior de dados e especialmente de uma amostra maior de respondentes, pulverizando mais as instituições e os segmentos participantes.

Lembrando que o estudo que apoiou o desenvolvimento deste livro é exploratório, a análise quantitativa não teve caráter probabilístico e alguns segmentos da amostra se mostraram mais dispostos a assumir responsabilidades, portanto, riscos, desde que recebam capacitação e possam contar com planos (perspectivas) de carreira, recebendo assim uma contrapartida da empresa pela maior responsabilidade assumida, não foi possível afirmar que não há associação entre a predisposição dos gestores para tipos de relações de confiança em que preferem estar envolvidos e a sua predisposição para assumir riscos.

Pode-se concluir que, diante desses resultados, a preferência das empresas por um comportamento dependente de seus gestores, até de certa passividade, está relacionada com algum tipo de oligopólio do qual participam e no qual poucos riscos precisam ser assumidos para se conquistar a lucratividade — talvez a falta de poder de barganha de seus consumidores explique esse fato.

Já que a competitividade e, portanto, o poder de barganha dos consumidores são menores, as empresas podem limitar a autonomia e, por conseqüência, o nível de risco a que querem se expor, utilizando-se de ferramentas e processos que favoreçam a decisão, mas, ao mesmo tempo, controlem-na.

Esta realidade — ao contrário da realidade globalizada, altamente competitiva e vivenciada pela maioria das empresas atualmente, que requer altos níveis de confiança para assunção de riscos e agilidade nas decisões — não exige relações de confiança profundas, fato que explica a falta de incentivo das empresas que participaram da amostra ao tipo de relação de confiança de interdependência profunda.

O tipo de cultura identificada na empresa tem como resultado — considerando que ela não solicita a assunção de maior responsabilidade, vai ao encontro da expectativa de seus gestores de não querer maior autonomia, fruto da baixa predisposição ao risco, identificada na amostra — a concordância dos seus profissionais no sentido de que as empresas não atendam sempre às suas expectativas, o que reforça a adesão a um tipo de relação de confiança de maior dependência por parte deles, na qual assumem a autonomia limitada pela empresa, respeitando suas condições, em troca da segurança que ela lhes oferece de manter os compromissos assumidos.

Das Conclusões

Porém, os entrevistados — ao perceberem que há limites para confiar, e por isso mesmo as instituições definem suas alçadas, aprimoram processos decisórios e instituem sistemas de controles, e, ao afirmarem que a vontade do dono representa, em última instância, um limite para os profissionais — reconhecem que estão expostos a "caprichos" da organização e à sua cultura, a qual está diretamente ligada ao exemplo de seu principal, ou principais, executivo.

Quando acreditam que não estão se expondo ao risco, porque a empresa não lhes dá mais autonomia, não aumentando assim a sua responsabilidade, esses profissionais, na realidade, estão colocando ainda mais seu futuro na mão dela, que, caso perceba que as suas expectativas não estão sendo correspondidas, amplia o risco ao qual eles estão expostos.

Por outro lado, também as empresas, imaginando que, ao centralizarem o acesso à informação e, de alguma forma, às decisões, reduzirão seu risco, estão, de fato, ampliando sua exposição a ele, já que a falta de informação e de autonomia pode influenciar decisões equivocadas ou até incentivar a aversão à tomada de decisões, pois, contrariando essa crença, os profissionais com menor tolerância ao risco exigem mais informações para agir, segundo MacCrimmon.

A falta de informações, ou a sua limitação, leva os gestores a um processo que Denrell e March chamaram de "aprendizado supersticioso", que os induz a alternativas inferiores.

Esses resultados reforçaram a indicação da existência de uma contradição, pois o profissional, ao não agir e/ou não requerer maior autonomia, e a empresa, ao limitar a ação e/ou não dar maior autonomia a seus profissionais, por acreditar que assim evitará que eles assumam mais riscos, podem estar, na realidade, ampliando sua exposição a eles.

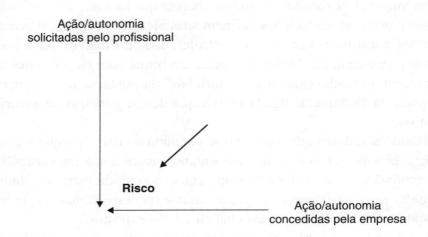

Figura 10.1   :::   Inação como indutor para a abdução de riscos.

Todos esses resultados analisados nos remetem a uma importante reflexão a respeito dos movimentos competitivos que vêm ocorrendo nas cadeias de suprimentos e impactam, direta ou indiretamente, o nível de competitividade das empresas que delas participam: nem sempre a indução da confiança oferecerá ampliação da competitividade para os participantes de uma cadeia de suprimentos.

Essa dedução pede estudos mais profundos que possam avaliar o nível de integração existente entre as cadeias cujo controle mercadológico é exercido pelo capitão da cadeia, isto é, pela empresa que domina os demais integrantes da cadeia da qual ela participa.

A inexistência de fortes competidores, que indiquem riscos de mercado a essa empresa, pode fazer com que as premissas necessárias a um ambiente competitivo — como inovação, produtividade, eficiência distributiva, proximidade com os clientes, entre outros — possam ser minimizadas e, em alguns casos, até ignoradas, haja vista a necessidade de demanda sem o respectivo equilíbrio competitivo.

Cabe ressaltar, porém, que muitas empresas gigantes — que dominaram durante décadas os seu mercados, ignorando o poder das grandes mudanças mercadológicas, especialmente em tempos de globalização — fortalecidas pelo poder dos canais de telecomunicações (nova economia), presenciaram o desmoronamento de seus impérios diante das surpreendentes revoluções realizadas por novos empreendedores, caracterizados pela inquietação, desejo de aprimoramento constante e satisfação por poder inovar.

Assim aconteceu com a IBM, que viu os computadores pessoais modificarem completamente a realidade até então conhecida. Surgiu, assim, a gigante Microsoft.

Não foi diferente com a ATT, que dominou durante décadas o mercado de telefonia nos Estados Unidos e sucumbiu à capacidade de inovação, flexibilidade e agilidade de um de seus principais "filhotes", a norte-americana Varicel, que adquiriu o controle de sua própria criadora em 2004.

Muitos são os exemplos; mas, afinal, há um tipo de relação de confiança predominante entre os profissionais e as empresas que participaram do estudo, ou não?

A crença de que a competitividade das cadeias de suprimentos pode ser revolucionada pela indução da confiança entre os seus participantes, com a possibilidade de aberturas de estratégias e, por conseqüência, de oportunidades de desenvolvimento de alternativas inovadoras e superiores entre os seus participantes, gerou uma inquietação que tomou conta do pesquisador durante todo o processo de análise. Tal inquietação esteve relacionada à peculiaridade de um tipo diferente de relação de confiança que foi se apresentando durante a análise das empresas e dos gestores participantes deste estudo.

Esclarecer e aprofundar a análise sobre os resultados alcançados é fundamental para que se possa orientar as estratégias de empresas que experimentam um ambiente de forte competitividade e acreditam ser possível ampliar a sua competitividade, induzindo a integração de sua cadeia de suprimentos.

Se por um lado, na amostra estudada, há maior dependência por parte dos gestores em relação à vontade das organizações, por outro, as empresas também dependem dos seus profissionais, pois, ao precisarem que decisões sejam tomadas, concedem autonomia, limitando-a depois.

Ora, se há dependência mútua, há algum tipo de interdependência, porém, a dependência maior é a dos profissionais, especialmente diante dos limites definidos pela empresa.

Assim, de acordo com a tipologia estabelecida por Sheppard, não se pode afirmar que o principal tipo de relação de confiança existente é o de dependência profunda, afinal, as empresas dependem também, de alguma forma, dos profissionais. Não é possível afirmar também que seja de dependência superficial, pois os profissionais dependem muito mais da empresa.

Também não é possível afirmar que esta é uma relação de interdependência, seja ela profunda ou superficial, pois a dependência maior por parte dos profissionais pôde ser testada no estudo.

Baba deu a primeira dica para a solução deste conflito ao afirmar que ambientes permeados pela confiança influenciam relacionamentos colaborativos, sugerindo que a cooperação poderia ser uma alternativa à tipologia desenvolvida por Sheppard.

Fukuyama lembra que a confiança está ligada ao cultivo de alguns valores, pelos indivíduos que integram um grupo, como o cooperativismo.

A sedimentação dos referidos indícios veio ao se analisar a Teoria da Cooperação, de Robert Axelrod, segundo a qual os comportamentos colaborativos começam a ser conquistados quando os interesses individuais são considerados, por meio da definição de objetivos que tragam benefícios para todas as partes envolvidas.

Inicialmente, esses indícios foram levantados ao se perceber a importância dada por todos os respondentes para o trabalho em equipe nas organizações, seja por terem valorizado os processos colegiados de decisão ou ressaltado a necessidade de orientar os mais novos para essa cultura de valorização do time.

Porém, se a Teoria da Cooperação proposta por Axelrod exige, em algum nível, a confiança, ela parece não considerar um tipo de confiança em que uma das partes é mais dependente, mais exposta ao risco, resultado da subordinação que há na relação.

Ao contrário, essa teoria prevê uma forma de interação mais equilibrada entre seus "jogadores", já que, de alguma forma, o futuro de todos os envolvidos depende da cooperação alheia, que, no caso de não ocorrer, oferecerá sérios riscos a ambos.

O fato da tipologia de Sheppard não ser identificada neste estudo (entre os quatro tipos de relações de confiança definidos pelo autor) — apesar de ter sido verificada, de alguma forma, a interdependência ou a dependência, somada à limitação encontrada em relação à existência de um equilíbrio na cooperação, fato que nos impediu de afirmar a existência de algum tipo de relação de confiança que envolvesse especificamente a cooperação — sugeriu a possibilidade de um novo tipo de relação de confiança.

Toda essa análise influenciou a indicação de um quinto tipo de relação de confiança, em complemento à tipologia proposta por Sheppard, que considera, além da inclusão da cooperação — haja vista o amplo destaque dado para os processos de decisão colegiada, mediante a adoção de comitês nas organizações —, um nível intermediário para a dependência e a profundidade nas relações de confiança, considerações que influenciaram na denominação deste quinto tipo de relação de confiança: "interdependência limitada".

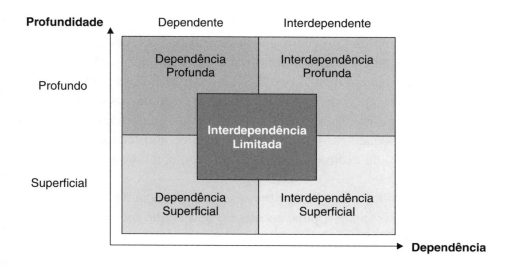

Figura 10.2 ::: Uma alternativa — interdependência limitada.

É fundamental ressaltar o caráter exploratório desta indicação, o que exige um aprofundamento dos estudos apresentados na pesquisa desenvolvida por este autor para a sua comprovação, sugestão que fica aqui colocada como possibilidade para futuros estudos.

Mas, afinal, há ou não há um gerenciamento da confiança por parte das empresas?

A resposta é sim.

No caso das empresas que participaram do estudo, o gerenciamento da confiança é realizado, de acordo com a opinião dos executivos que as representavam na época das entrevistas, por meio de práticas e políticas de recursos humanos estabelecidas.

Se por um lado a empresa com reconhecimento, remuneração, capacitação ou planos de carreira claros, por exemplo, procura atender a algumas das principais expectativas de seus profissionais, tornando-os dependentes dessas políticas de recursos humanos, por outro, expõe-se também a alguma dependência, pois ela depende das decisões e dos resultados oferecidos por esses profissionais; porém, contém o seu nível de exposição ao risco, utilizando-se de uma autonomia controlada, ou seja, atribuindo, em contrapartida, responsabilidades e limites para os gestores agirem.

Portanto, as empresas procuram gerenciar a confiança e, conseqüentemente, estimular a tomada de decisão, controlando, porém, a autonomia de seus gestores — quer seja por meio do estabelecimento de alçadas para as decisões programadas, quer seja com a institucionalização de processos de decisão para as decisões não programadas, como os comitês ou colegiados, amplamente citados pelos respondentes —, que acabam se autocontrolando, no sentido de limitar o seu nível de exposição ao risco, definido como de interesse para as empresas.

Esse processo foi capaz de mostrar que há o gerenciamento da confiança nas organizações estudadas, pois, ao mesmo tempo que reconhecem os interesses dos profissionais também oferecem condições para que as decisões sejam tomadas, desde que seja dentro de um limite de risco definido por elas, satisfazendo os seus objetivos e atendendo às expectativas combinadas com

Das Conclusões

aqueles profissionais que cumprem com suas metas, desde que respeitadas as normas estabelecidas.

A qualidade desse gerenciamento da confiança, realizado pelas empresas, depende principalmente, de acordo com o que indicaram os respondentes, da cultura organizacional, ou seja, as preocupações em relação ao estabelecimento de um código de ética, a coerência entre os discursos e as ações empreendidos pelas empresas, e o exemplo dado por seus principais executivos foram apresentadas como condições para que valores, como respeito, honestidade e a própria confiança, possam ser expressos pelas empresas aos seus profissionais.

Já em relação ao risco, considerando o processo colegiado de decisão existente em todas as empresas entrevistadas, é importante destacar que os resultados encontrados nos estudos de MacCrimmon, ao indicarem que a exposição pessoal ao risco é menor em empresas que estabelecem processos de decisão em grupo, vão ao encontro do que também propõe Conolly, sendo reforçados também pelos resultados encontrados neste trabalho.

Ainda que se destaque o cuidado com que foram realizadas as análises desse estudo, é importante lembrar dois dos principais limites apresentados.

O primeiro diz respeito ao caráter não probabilístico da amostra, fato que impede as possibilidades de inferências, e o segundo está relacionado ao limitado número de entrevistas realizadas (cinco), que — apesar da representatividade das instituições entrevistadas, especialmente pela sua importância, no cenário financeiro brasileiro, e pelo caráter estratégico dos respondentes, fruto das funções exercidas por eles na época das entrevistas — sugere um estudo que contemple um número maior de entrevistas, com o objetivo de aprofundar as análises realizadas.

Ainda assim, importantes indicações foram encontradas, especialmente quanto à gestão dos relacionamentos dentro da organização, com a intenção de administrar e estimular o grau de predisposição dos gestores para assumir os riscos pretendidos pelas empresas, reforçando que, de acordo com os objetivos da organização, é possível administrar o risco por meio do gerenciamento da confiança no ambiente organizacional.

Por fim, é importante destacar uma última possibilidade.

Se, segundo alguns autores (Das e Teng; Doney, Cannon e Mullen; Nahapiet e Ghoshal; Guiso), o respeito ao risco é a questão central da confiança, pois a confiança é relevante em situações de risco, seria interessante analisar a influência da confiança no gerenciamento do risco nas organizações.

Assim poder-se-ia influenciar o nível de predisposição dos profissionais ao risco, de acordo com os objetivos pretendidos pela organização, aprimorando o gerenciamento de risco existente mediante, por exemplo, o gerenciamento do ambiente de confiança da empresa.

Se os profissionais de uma empresa se predispõem a assumir mais riscos, tomando decisões mais rapidamente e, conseqüentemente, reduzindo a burocracia que essa cultura incentivaria, podem ampliar de maneira significativa a produtividade organizacional.

Imagine, por exemplo, o efeito na redução de custos e na indução à inovação que essa cultura conquistaria em uma cadeia de suprimentos!

Certamente um ambiente como esse ampliaria substancialmente a competitividade de todos os participantes desta cadeia, já que o diferencial competitivo percebido pelo consumidor final beneficia a todos os integrantes desta corrente que, com a aquisição do produto/serviço, vêem a demanda se replicar em toda a cadeia, exigindo um processo integrado de suprimento para atender o movimento iniciado pelo cliente final.

A atual realidade, permeada pela expressiva ampliação do acesso à informação por parte dos indivíduos e o conseqüente amadurecimento de seu processo crítico, vem apresentando constante e acelerada transformação.

Neste contexto de transformação, tradições são transformadas em anacronismos, dada a velocidade com que as mudanças acontecem.

Se por um lado essas mudanças oferecem oportunidades àqueles que antes não tinham escolhas, por outro, introduzem a incerteza, fruto também dessas oportunidades que rompem com as tradições, expondo os riscos que esse novo mundo permeado pelas mudanças apresenta.

Como foi visto, ainda que as pessoas procurem anular os riscos assumidos diariamente nas escolhas que fazem e nas decisões que tomam, parece importante destacar que os resultados do estudo desenvolvido por este autor mostraram, ao encontro do que afirmam alguns autores (Maccrimmon, Giddens,

Walker), que não existem ações livres de risco, pois o risco é inevitável, já que, para viver, as escolhas são imprescindíveis, e toda escolha envolve exposição ao risco.

Assim, se as mudanças se aceleram e trazem maiores incertezas em relação ao futuro, amadurecer para uma cultura que ensine a conviver com os riscos, preparando as pessoas para uma nova realidade pessoal e profissional, é o desafio que se apresenta.

Nessa nova realidade, o individual deverá ceder espaço para o coletivo, a uma integração maior e à conseqüente aceleração de desenvolvimento, fruto das sinergias que essa integração possibilita.

Essa mudança representará a verdadeira fonte de vantagem competitiva, capaz de incentivar e promover a inovação, essencial no novo ambiente competitivo.

Se é fundamental que o indivíduo desenvolva a própria "fé", porque ela é capaz de incentivar a construção de visões positivas para o futuro, o desenvolvimento da confiança também é fundamental, pois ela está diretamente relacionada com o risco, já que, como foi amplamente apresentado, as decisões diárias possibilitam a ocorrência de resultados inesperados.

Se existe a incerteza, a predisposição para assumir riscos é essencial, pois, ao decidir, o profissional se arrisca e, com a agilidade obtida nesse processo, a empresa ou o conjunto de empresas (pensando em uma cadeia de suprimentos, por exemplo) serão recompensadas, conseqüência da produtividade e, portanto, da competitividade que essa agilidade oferece.

Por meio dessa reflexão, é possível deduzir que, se o futuro é incerto e exige que escolhas sejam realizadas, a capacidade de gerenciar o risco representará uma competência essencial à sobrevivência das organizações.

É necessário educar para que as pessoas se tornem empreendedoras, educar para que a ação seja ética e responsável, educar para uma atitude de autodesenvolvimento constante, para que elas possam planejar a própria carreira, o próprio futuro.

Incentivar o acesso à informações, o processo de reflexão, o desenvolvimento do senso crítico, favorecendo, portanto, a ampliação do repertório e do conhecimento individual, é responsabilidade da organização moderna, que constrói seu diferencial competitivo futuro por meio de uma cultura organizacional permeada pela gestão transparente, a qual inclui e respeita os profissionais em seus processos, reconhecendo-os como fonte imprescindível de vantagem competitiva.

Esta capacidade que as pessoas têm de agregar valor de maneira singular aos processos de uma organização constituí-se em uma tecnologia ímpar, de difícil imitação e, por isso mesmo, capaz de sustentar, de forma permanente, a competitividade de seus participantes.

Com a adoção de novas técnicas, há uma grande revolução em andamento, na acepção que a palavra oferece, em relação à modificação do pensamento humano, abandono de idéias, sistemas e métodos tradicionais.

Assim se apresenta a proposta de integração inter e intra-organizacional de uma gestão conjunta que instiga a imaginação dos mais céticos, imobilizados pelo imponderável e, portanto, fragilizados em razão da aceleração empreendida pelo processo de globalização.

Um ambiente que insurge tão complexas e profundas reflexões promove a insegurança e a idiossincrasia do "ser humano", porém, também proporciona um momento ímpar de valorização, até então jamais vista, da capacidade que temos de criar, movimentar e transformar a realidade — para o bem ou para o mal.

Este é o verdadeiro desafio imposto a nós, seres humanos, por esta realidade: mudar o foco do indivíduo para o coletivo, conscientizarmo-nos, quaisquer que sejam os ambientes sociais envolvidos (pessoal ou profissional), de que a soma das competências individuais é "substancialmente" menor que o seu conjunto integrado.

Que as poucas reflexões apresentadas nesta obra possam colaborar para o amadurecimento desse "movimento".

A capacidade de promover ambientes colaborativos, incentivando a predisposição para o risco e a tomada de decisão consciente e tempestiva, distinguirá as empresas que sucumbirão das que sustentarão sua competitividade, as que fizeram parte da história das que representarão o seu futuro, a diferença entre o saudoso e seguro mundo velho do sedutor, porém arriscado, mundo novo.

Fernando Pessoa, com toda a sensibilidade e sabedoria representadas em sua obra, desafia-nos:

Das Conclusões

"Só o mar das outras terras é que é belo. Aquele que nós vemos dá-nos sempre saudades daquele que não veremos nunca (Pessoa, F., 1980, p. 114)".

Em uma de suas mais profundas frases, esse grande poeta, assim como o atual momento em que vivemos, questiona nossa condição evolutiva, ao se demonstrar cético em relação à capacidade humana de ceder e conceder, de reconhecer suas próprias conquistas e se alçar, satisfeito, a novos desafios.

Que Fernando Pessoa possa perdoar a ousadia deste autor, que deixa aqui, no final deste livro, a sua "fé", a sua crença de que o ser humano é, sim, capaz de se revolucionar e evoluir; e que se arrisca, ao expor suas convicções, confiando que o encontro com o outro virá por meio do aprofundamento de nossos relacionamentos, conhecimentos e integração de nossos objetivos, da produtividade, do novo, para que haja um futuro melhor para todos.

Nosso mar será um dos mais belos e promissores.

Que a visão desafiadora desse grande Mestre possa nos fortalecer nessa busca.

A você, dona de minha emoção,
inspiração maior, pelo seu amor.

Bibliografia

AAKER, David A.; KUMAR, V. e DAY, George S. *Pesquisa de marketing*. São Paulo: Editora Atlas, 2001.
ALI, Abbas J. Decision-making style, individualism, and attitudes toward risk of Arab executives. *International Studies of Management and Organization*, White Plains, fall, 1993.
AMATUCCI, Marcos. *Perfil do administrador brasileiro para o século XXI*: um enfoque metodológico, 2000. Dissertação (doutorado). FEA — USP. São Paulo.
ARGYRIS, Chris. Ensinando pessoas inteligentes a aprender. Gestão do Conhecimento. *Harward Business Review*, 2000.
AXELROD, Robert. *The evolution of cooperation*. New York: Basic Books, 1984.
BABA, Marietta L. *Dangerous liaisons*: trust, distrust, and information technology in american work organizations. Washington: Human Organization, fall, 1999.
BARDIN, Laurence. *Análise de conteúdo*. Lisboa: Edições 70, 1977.
BARNEY, Jay B. *Organizational culture*: can it be a source of sustained competitive advantage? Los Angeles: University of California, 1986.
BARNEY, Jay B. Looking inside for competitive advantage. *The Academy of Management Executive*, Ada, 1995
BELL, Geoffrey G. Trust deterioration in an international buyer-supplier relationship. *Journal of Business Ethics*, 2002.
BENNIS, Warren e BIERDERMAN, Patricia Ward. *Os gênios da organização*. Rio de Janeiro: Campus, 1998.
BERNSTEIN, Peter L. *Desafio aos deuses*: a fascinante história do risco. Rio de Janeiro: Campus, 1997.

BERNSTEIN, Peter L. Why is risk such a hot four-letter word? *Journal of Portfolio Management*, New York, 1999.
BROMILEY, Philip. Debating rationality: non-rational aspects of organizational decision making/rational choice theory and organizational theory: a critique. *The Academy of Management Review*, Mississippi State, 1999
COHEN, Paul M. e HESSELBEIN, Frances. *De líder para líder*. São Paulo: Futura, 1999.
COHEN, Stephen S. Social capital and capital gains in Silicon Valley. *California Management Review*, Berkeley, 1999.
COLLINS, James e PORRAS, Jerry L. *Feitas para durar*. Rio de Janeiro: Rocco, 1995.
CONNOLLY, Terry. *The decision competence paradox*. New York: Georgia Institute of Technology, 1980.
COOPEY, John. Learning to trust and trusting to learn. *Management Learning*, Thosand Oaks, 1998.
COUTINHO, Luciano e FERRAZ, João Carlos. *Estudo da competitividade da indústria brasileira*. São Paulo: Papirus, 1995.
CHRISTOPHER, Martin. *Logística e gerenciamento da cadeia de suprimentos*. São Paulo: Pioneira, 1997.
DACIN, Peter A. e BROWN, Tom J. The company and the product: corporate associations and consumer product responses. *Journal of Marketing*, New York, 1997.
DAS, T. K e TENG, Bing Sheng. *Between trust and control*: developing confidence in partner cooperation in alliances. Baruch College, City University of New York. New York: HR.com, 2000.
DENRELL, Jerker e MARCH, James G. Adaptaction as information restriction: the hot stove effect. *Organization Science*, Institute of International Business, Stockholm School of Economics, Sweden, v. 12, n. 5, set./out. 2001.
DONEY, Patricia M.; CANNON, Joseph P. e MULLEN, Michael R. Understanding the influence of national culture on the development of trust. *Academy Management Review*, Florida, 1998.
DOZ, Yves L. Managing core competency for corporate renewal: towards a managerial theory of core competencies. *Corporate Renewal Initiative*, 1994.
DRUCKER, Peter. *Desafios gerenciais para o século XXI*. São Paulo: Pioneira, 1999.
EDELTRAUD, Hanappi-Egger. The hidden trade-offs of cooperative work — an empirical study. *Organization Studies*, Berlin, 1996.
EVANS, Bruce A. *Can principal's personality traits predict their risk-taking*: uncertainty and sucess orientation as they relate to risk propensity. Western Michigan University, 2000.
FERREIRA, Aurélio B. O. *Novo dicionário Aurélio* — século XXI. São Paulo: Nova Fronteira, 1999.
FLEURY, Maria T. L. e FLEURY, Afonso. *Aprendizagem organizacional*. São Paulo: Atlas, 1997.
FUKUYAMA, Francis. Trust. The social virtues and the creation of prosperity. *Free Press Paperbacks*, New York, 1995.

GAMBETTA, Diego. *Trust*: making and breaking cooperative relations. Eletronic Edition, Department of Sociology, University of Oxford, 2000.
GOSH, Dipankar. Risk, ambiguity and decision choise: some additional evidence. *Decision Sciences*, Atlanta, 1997.
GHOSHAL, Sumantra e BARTLETT, Christopher A. *A organização individualizada*. Rio de Janeiro: Campus, 2000.
GIBSON, Kevin. The moral basis of stakeholder theory. *Journal of Business Ethics*, 2000.
GIBSON, Rowan. *Repensando o futuro*. São Paulo: Makron Books, 1998.
GIDDENS, Anthony. *As conseqüências da modernidade*. São Paulo: Unesp, 1990.
GIDDENS, Anthony. *Mundo em descontrole — o que a globalização está fazendo de nós*. Rio de Janeiro: Record, 2002.
GRABOWSKI, Martha e ROBERTS, Karlene H. Risk mitigation in virtual organizations. *Organization Science. Providence*, 1999.
GUISO, Luigi; JAPPELLI, Tullio e PISTAFERRI, Luigi. An empirical analysis of earnings and employment risk. *Journal of Business & Economic Statistics*, Alexandria, Italy, 2002.
HAIR et. al. *Multivariate Data Analysis*. Fifth Edition, 1995.
HALL, R. *Organizações*: estrutura e processos. Rio de Janeiro: Prentice-Hall, 1984.
HARISON, J. Richard e MARCH, James G. Decision making and postdecision surprise. *ASQ*, mar. 1984.
HARMON-JONES, Eddie e MILLS, Judson. Cognitive dissonance — progress on a pivotal theory in social psychology. *American Psychological Association*, Washington, 1999.
HAMMEL, Gary. A era da revolução. *HSM — Management*, São Paulo, fev. 2001.
JIAN Jiun-Yin; BISANTZ, Ann M. e DRURY, Colin G. *Towards an empirically determined scale of trust in computerized systems*: distinguishing concepts and types of trust. Departament of Insustrial Engenieering, State of University of New York at Bufalo, 1999.
JONES, Gareth R. e GEORGE, Jennifer M. The experience and evolution of trust: implications for cooperation and teamwork. *Academy of Management Review*, Texas, 1998.
KAKU, Michio. *Visões do futuro*. Rio de Janeiro: Rocco, 2002.
KANTER, Rosabeth Moss. *Gestão de pessoas, não de pessoal*. Rio de Janeiro: Campus, 1997.
KITSON, Michael e MICHIE, Jonathan. *The political economy of competitiveness*. Londres: Routledge, 2000.
KRAMER, Roderick M. e TYLER, Tom R. *Trust in organizations — frontiers of theory and research*. California: Sage Publications, 1996.
LAKATOS, Eva Maria e MARCONI, Marina A. *Fundamentos de metodologia científica*. São Paulo: Atlas, 2001.
LANDOLT, Sara Cox. *Credit Union Management*. Madison, 2000.
LAVILLE, Christian e DIONNE, Jean. *A construção do saber — manual de metodologia da pesquisa em ciências humanas*. Porto Alegre: UFMG, 1999.
LEITÃO, S. P. Repensando a questão da decisão organizacional e seu paradigma. *Revista de Administração Pública*, Rio de Janeiro, FGV, 1995.

LEWIN, Arie Y. e STEPHENS, Carroll U. *CEO attitudes as determinants of organization design*: an integrated model. Berlin: Organization Studies, 1994.
LOEWENSTEIN, George. The creative destruction of decision research. *Journal of Consumer Research*, Gainesville, 2001.
LOVVOLL, David Richard. *The risk-taking personality*: comparing three measures used to evaluate different types of risk takers. Rice University, 1999.
MacCRIMMON, Kenneth R. e WEHRUNG, Donald A. The risk in-basket. *The Journal of Business*, Chicago, 1984.
MacCRIMMON, Kenneth R. e WEHRUNG, Donald A. Taking risks — the management of uncertainty. *The Free Press*, New York, 1986.
MACNAMARA, Gerry e BROMILEY, Philip. Risk and return in organization decision making. *Academy of Management Journal*, Mississippi State, 1999.
MARCH, James. G. e SIMON, Herbert A. *Teoria das organizações*. Rio de Janeiro: FGV, 1970.
MARCH, James G. e SHAPIRA, Zur. Managerial perspectives on risk and risk taking. *Management Science*, v. 33, n. 11, Stanford University, California, nov. 1987.
MARCH, James G. *How decions happen in organizations*. Stanfort University, California: HCI Editorial Record, 1991.
MASON, Emanuel J.; BRAMBLE William J. *Research in education and the behavioral sciences*: concepts and methods. Dubuque: Brown & Benchmarck, 1997.
MINTZBERG, Henry. Inside our strange world of organizations. *The Free Press*, New York, 1989.
MONTGOMERY, Cynthia A. e PORTER, Michael E. Estratégia: a busca da vantagem competitiva. *Harvard Business Review Book*, Campus, Rio de Janeiro, 1998.
MORGAN, Garreth. *Imagens da organização*. São Paulo: Atlas, 1996.
MOTTA, Paulo R. Razão e intuição: recuperando o ilógico na teoria da decisão gerencial. *Revista de Administração Pública*, Rio de Janeiro, FGV, 1988.
NAHAPIET, Janine e GOSHAL, Sumantra. Social capital, intellectual capital, and the organizational advantage. *The Academy of Management Review*, Mississippi State, 1998.
NONAKA, I. e TAKEUCHI, H. *Criação de conhecimento na empresa*. Rio de Janeiro: Campus, 1997.
NOVAES, Antonio Galvão. Logística e gerenciamento da cadeia de distribuição. Rio de Janeiro: Campus, 2001.
PESSOA, Fernando. *O eu profundo e os outros eus*. Rio de Janeiro: Nova Fronteira, 1980.
PETERSON, John e BOMBERG, Elizabeth. Decision-making in the european union. *Macmillan Press Ltd.*, London, 1999.
PORTER, Michael E. *Vantagem competitiva*. Rio de Janeiro: Campus, 1985.
_____. *Estratégia competitiva*. Rio de Janeiro: Campus, 1986.
PRAHALAD, C. K. Reexame de competências. *Revista HSM*, 1999.
PUTNAM, R. Tuning in, tuning out: the strange desaparecence of social capital in America. The 1995 Ithiel de Sola Pool Lecture. *Political Science and Politics*, 1995.

RAIFFA et. al. Smart choices. *Harvard Business School Press*, Boston, 1999.
RIFKIN, Jeremy. *O fim dos empregos*. São Paulo: Makron Books, 1996.
ROBBINS, Stephen P. *Administração — mudanças e perspectivas*. São Paulo: Saraiva, 2000.
RODRIGUES, Aroldo. *Psicologia social*. Petrópolis: Vozes, 2000.
RODRIGUES, I. P. F. *Cultura e poder nas organizações*: comparando o processo decisório em organizações brasileiras e britânicas. Belo Horizonte: UFMG, 1988.
ROSENBURG, Cynthia. Múltipla escolha. *Revista Exame*, São Paulo, 2002.
SARAIVA, Luiz A. S. Tomada de decisão em cenários de mudança. *Cad. Adm. Maringá*, 1999.
SCHOEMAKER, Paul J. H. Are risk-attitudes related across domains and response modes. *Management Science*, Providence, 1990.
SCHOEMAKER, Paul J. H. A pyramid of decision approaches. *California Management Review*, Berkley, California, 1993.
SENGE, Peter M. *A quinta disciplina*. São Paulo: Best Seller, 1990.
SHAW, Kathryn L. An empirical analysis of risk aversion and income growth. *Journal of Labor Economics*, Chicago, 1996.
SHEPPARD et. al. The grammers of trust: a model and general implications. *The Academy of Management Review*, Mississipi State, 1998.
SIMON, Herbert A. *Comportamento Administrativo — estudo dos processos decisórios nas organizações administrativas*. Rio de Janeiro: FGV, 1971.
SIMON, Herbert A. *The shape of automation*: a psychological analisys of conflict, choice and commitment. New York: Macmillan, 1977.
SIMON, Herbert A. Rationality in psychology and economics. *The Journal of Business*, 1986.
SIMON, Herbert A. Making manegement decisions: the role of intuition and emotion. *Academy of Management Executive*, 1987.
STALK, George; EVANS, Philip e SHULMAN, Lawrence E. Competing on capabilities: the new rules of corporate strategy. *Harvard Business Review*, 1992.
SITKIN, Sim B. e PABLO, Amy L. Reconceptualizing the determinants of risk behavior. *The Academy of Management Review*, Mississippi State, 1992.
STWART, Thomas A. *Capital intelectual*: a nova vantagem competitiva das empresas. Rio de Janeiro: Campus, 1997.
STWART, Thomas A. *A riqueza do conhecimento*: o capital intelectual e a nova organização do século XXI. Rio de Janeiro: Campus, 2002.
TACHIZAWA, Takeshy; FERREIRA, Victor Claudio Paradela e FORTUNA, Antonio Alfredo Mello. *Gestão com pessoas*. São Paulo: FGV, 2001.
TAYLOR-GOOBY, Peter. Risk, trust and welfare. *St. Martin's Press publicação universitária*, New York, 2000.
TEIXEIRA, Maria L. Mendes. Gerenciando confiança para desenvolver capital intelectual: o que os empregados esperam de seus líderes. *Revista de Administração Contemporânea — RAC*, São Paulo, 2003.

TEODÓSIO, Armindo S. S.; SILVA, Eliezer E. e RODRIGUES, José R. G. Discutindo o processo decisório: a contribuição dos principais modelos de análise. *Anais do IV Congresso de Ciências, Letras e Artes das Universidades Federais de Minas Gerais*, 1999.

TYSON, Kirk W. M. *Competition in the 21st century*. Florida: CRC Press LLC, 1997.

VERGARA, Sylvia Constant. Razão e intuição na tomada de decisão: uma abordagem exploratória. *Revista de Administração Pública*, Rio de Janeiro, 1991.

VERGARA, Sylvia Constant. Sobre a intuição na tomada de decisão. *Revista de Administração Pública*, Rio de Janeiro, 1993.

WAGNER, John A. III e HOLLENBECK, John R. *Comportamento organizacional — criando vantagem competitiva*. São Paulo: Saraiva, 1999.

WALKER, Larry E. The dangers of one-dimensional. *RM Occupational Health & Safety*, Waco, 2001.

WANG, Zhong Ming. *Current models and innovative strategies in management education in China*. China: Zhejiang University, 1999.

WARDMAN, Kellie T. *Criando organizações que aprendem*. São Paulo: Futura, 1996.

WATERMAN JR.; Robert H. *O fator renovação*: como os melhores conquistam e mantêm a vantagem competitiva. São Paulo: Harbra, 1989.

XIAO, Jing J. Attitude toward risk and risk-taking of business-owing families. *The Journal of Consumers Affairs*, Madison. 2001.

ZEY, Mary. *Rational choice theory and organizacional theory*: a critique. California: Sage Publications, Inc., 1998.

Conheça nossos outros títulos
www.dvseditora.com.br